U0580364

高中生能力培养研究系列

高中生
自主学习能力的
培养之路

主　　编　李水生

执行主编　王　郢　刘清明　夏益红　闫亦琳

WUHAN UNIVERSITY PRESS
武汉大学出版社

图书在版编目(CIP)数据

高中生自主学习能力的培养之路/李水生主编.—武汉:武汉大学出版社,2023.6(2023.8 重印)
高中生能力培养研究系列
ISBN 978-7-307-23673-8

Ⅰ.高…　Ⅱ.李…　Ⅲ.高中生—学习方法　Ⅳ.G632.46

中国国家版本馆 CIP 数据核字(2023)第 053583 号

责任编辑:沈继侠　　　责任校对:汪欣怡　　　版式设计:马　佳

出版发行:**武汉大学出版社**　　(430072　武昌　珞珈山)
　　　　(电子邮箱:cbs22@ whu.edu.cn 网址:www.wdp.com.cn)
印刷:湖北金海印务有限公司
开本:787×1092　1/16　　印张:12　　字数:237 千字　　插页:1
版次:2023 年 6 月第 1 版　　2023 年 8 月第 2 次印刷
ISBN 978-7-307-23673-8　　　定价:58.00 元

版权所有,不得翻印;凡购买我社的图书,如有质量问题,请与当地图书销售部门联系调换。

序　言

前不久，在海南岛开会，有幸结识武汉睿升学校实践育人办公室主任刘清明先生。通过聆听他的专题报告并通过会下交流，我对李水生校长的教育思想和睿升学校的教改特色有了进一步认识。近日，收到他寄来的即将付梓的《高中生自主学习能力的培养之路》一书。

李水生校长是一位闻名遐迩的老牌名校长，是一位充满睿智，脚踏实地，始终站在教育改革前沿，领跑创新潮流的教育家。耄耋之年，他仍在教育理论与实践创新的道路上迈出大步，推出这份厚重的人才培养模式变革的新成果，其老骥伏枥壮心不已的超能和精神，令人肃然起敬。

改革开放以来，我国教育事业的发展是一种阶段性渐进、螺旋式上升的过程。解决不同时期不同阶段的教育改革问题，校长创新能力是关键。如果一名校长，能在一定的阶段，在一定的区域内办出一所具有持久影响力的名校，引领一时的教育潮流，开辟学校发展方向，造福千万学子，就无愧于教育家称号。例如，著名教育改革家魏书生、北京十一学校校长李金初、南京行知小学校长杨瑞清等，其实践创新力体现在对共性难题的突破，影响力则取决于思想批判的穿透力。

李水生校长执教六十载，创新脚步从未止息。客观地说，他不是那种大红大紫、昙花一现的名校长，而是潜心耕耘、勇于创新的实干家。在教育改革大潮中，他始终扎根于华中大地，苦心孤诣，以独树一帜的"把时间还给学生，把方法教给学生"的"两把"理念，创办出享誉海内的华师一附中、华一寄宿学校、武汉睿升学校。这三所品牌学校，各有办学特色，折射了不同时期教育改革的主题，反映了他校长职业生涯不同阶段的创新成就，彰显了他主动挑战机遇、回应教育发展需求的开拓能力。人们曾以"不变的教育理念、不变的奋斗主题、不变的育人情怀、不变的家长心声"解读这位教育家的品质特征，其实，这三所学校成名所卷起的时代风，带出的潮流感，才是这位教育家独具精神价值的解读。

李水生校长是一棵不老的常青树。他是睿升学校的精神偶像，依然精神隽烁、思想活跃、眼光犀利地关注着人才培养模式变革。在美丽的校园里，勤奋晨读的学子，每天都能看到他稳健行走的身影，和蔼可亲的笑容；在活跃的课堂里，孜孜不倦的教师，每天都能感受到他对教学改革的深邃思考，思想引领的魅力。充满无限生机活力的睿升学校，教育理论创新和实践探索永在进行时。

我们已经进入了高质量发展的新时代。建设高质量教育体系是经济强国、人才强国、科技强国、文化强国建设的基础。从一个一穷二白起家的农业国发展到能够影响世界格局的第二大经济体，我国教育对人力资源开发和高素质人才培养，功不可没。我国要跃进到世界强国行列，聚焦创新人才，是质量发展的主题。

2019年，基础教育课程改革和升学考试制度综合改革，提出了培养具有国际竞争力的拔尖人才的新任务。2020年，以"强基计划"为导向的招生改革，为满足国家重大战略的人才需求，注重选拔综合素质优秀或基础学科拔尖学生的举措，推动了以高分应试能力为主的高中教育向以拔尖人才为主的模式转变。这一重大转变，开辟了我国高中阶段人才培养的新境界。

人才强国、科技强国，必须着力培养拔尖人才。培养拔尖人才的核心，是培养学生的自主学习能力。学校要摒弃追求高分的价值观，教师要把知识本位的教学重心转移到指导学生提高自主学习能力上来，每个学生要把"善学"放在首位。

在今天看来，大文豪苏轼可谓是综合素质优秀且人文学科拔尖的学者。欧阳修做主考官时发现他很"善学"，阅读试卷后大为感叹，称："此人可谓善读书，善用书，他日文章必独步天下。"其实，培养这种"善学"品质和能力正是我们的下功处。善学，是具有创新品质的高效学习。善学者，要以问题为导向，发现自我的自学潜能并以最适应自己的学习方法将多学科知识融合贯通，有效生成具有原创力的见解和方法，以此破解难题。

培养高中生自主学习能力，是人才培养模式变革的难点。如何在难点中找到突破点？睿升学校已经取得了丰硕的成果，集中体现在《高中生自主学习能力的培养之路》一书中。

该书由李水生校长主编。由"理念篇""实践篇""案例篇"三部分组成，系统介绍了培养学生自主学习能力的实践育人理论、实践活动育人理论、知识构建与问题解决的DNA铰链理论；具体呈现了开设科技创新实验班的教法变革、以整合教师课堂学校影响力为策略的管理变革、以强化班级人文情感为基础的德育变革；真实陈述了培养学生自主学习能力的探索过程，列举了主要学科的经典案例。这些新鲜经验和理论哲思，缘起于变，行成于改，历经淬炼，彰于实效，不仅为破解培养学生自主学习能力难题找到了可行方案，而且也为落实"强基计划"，因材施教地培养拔尖人才开辟了新径。

品读此书，感受大师睿智，感触良多。略述所思，忝为弁言。

毕　诚

2023年3月19日

目　录

理　念　篇

实　践　篇

案　例　篇

理 念 篇

培养自主学习能力是高中最重要的目标

"国势之强由于人,人材之成出于学。"培养什么人,是教育的首要问题,也是习近平总书记一直强调的"教育的重中之重"。针对这个问题,学界有着一个通识性的答案,就是"培养一代又一代拥护中国共产党领导和我国社会主义制度、立志为中国特色社会主义事业奋斗终身的有用人才",因为这是中国特色社会主义教育事业发展的方向,同时也是我国新时代教育改革发展的根本遵循。

针对这样一方向,李水生校长带领的睿升人有了进一步的思考,那就是"何为有用人才"以及"高中学校如何培养有用人才"两方面。

带着这样一个思考,睿升人不断探索求证,将问题拆分细化,基于办学经验将研究重点落脚到尝试解答"高中三年,学校应当更加注重学生什么"这一问题上,并借助一系列理念模型与实践育人活动,最终提出自己的回答:第一,"有用人才"是具有发现问题、分析问题、解决问题能力的人才;第二,虽然学生有许多潜能需要老师去挖掘,有诸多能力需要老师去培养,但在高中三年有限的时间里,首先需要培养和张扬的是学生的自主学习能力。睿升人眼中的自主学习能力不只是停留在学术概念层面,而是包含自学、自思、自控以及自问等方面的多维自主能力的融合体,各个具体方面各有侧重且相互支撑。因为具体详细,就具有实在的可探究、可实践和可考核的具体内容和目标。

当今时代,科学技术的飞速发展不仅丰富了知识的广度和深度,更提升了知识更新的速度。学生单纯依靠学校教师所教授的课本知识来适应社会的变化是远远不够的,还应树立自主学习、终身学习的观念,发展自己多方面的能力以适应社会。"能力"一词广为人知,在日常学习、工作和生活中的使用频率极高。而在高中三年有限的时间里,学生需要发展和培养的能力有很多,如帮助学生激发学习主动性和积极性的自主学习能力、辅助学生把握各个学科精髓知识的信息提取能力、协助学生提高答题速度和正确率的快速反应能力、吸取教训不断提升和进步的反思归纳能力等。但是睿升学校认为在所有能力当中,学生自主能力的培养最为重要,教师应让学生从"学会"状态转变为"会学"状态,变"要你学"为"我要学",让学生"知其然"的同时也要"知其所以然"。这不仅是睿升的想法,同时也已成为我国教育界最关注的主题之一。

在新课改理念的影响下，教师教学不再是像过去那样注重单纯的知识传授以及照本宣科，而是更加倡导学生采用自主、合作、探究的方式进行学习。因此，武汉睿升学校以培养学生自主能力为基本，提出众多教学理念，同时立足学界研究支持，梳理自主、自主能力的相关概念以及学界对自主能力的看法，为睿升教学理念提供理论支撑，为广大学校教师教学提供参考。

一、睿升学校对学生自主学习能力的认识

在我国应试教育的背景下，高中阶段学生的学习与小学、初中大不相同。小学、初中学校的老师在课堂教授知识时更注重学生的接纳和吸收程度，基于大部分学生的实际情况适当调整教学进度，一节课所能教授的内容不会太多。但在高中阶段，学生每一科要学习的内容知识较多，但课时又是十分有限的，一般高中老师会"赶教学进度"从而保证在规定的时间内完成教学任务，但并不是所有的学生都能适应这种"快节奏"的学习方式，学生不懂的问题单纯依靠老师长期进行课后"一对一讲授"也并不现实。所以武汉睿升学校更注重学生自主学习能力的培养。

武汉睿升学校基于多年的实践探索，提出了自己的见解，认为培养学生的自主学习能力需涉及四个方面，概括来说分别是自学、自思、自控以及自问。

首先，自学就是"让学生自己学会学习"，强调教学过程中学生的主体地位。目前，睿升学校的课堂不是传统的灌输式课堂，老师在教学过程的"始"和"终"都注重让学生自学，自行发现问题并分析解决问题。首先，老师在上新课前都会布置一定量的预习任务，学生可在学校每天专门开设的自习课上自行预习，自学完成任务。而且须注意的是，睿升学校的预习任务不是简单地读课文、看例题、背生词、完成导学案等类似的任务，而是侧重让学生在头脑中自己发现并提出问题、带着问题进入新课课堂，睿升认为只有这样的自学才是有效的。其次，在一堂新课的开始，新知识并不是由老师来进行导入，而是由学生提出预习阶段的问题并展开讨论进而得出。这种知识导入方法不同于其他学校的课堂导入，借由学生讨论开始授课不仅能帮助老师判断学生预习的效果，而且是学生检验自学结果的最好方法。最后，在一节课结束的最后几分钟或是一个单元所有内容全部学习完后，老师也会鼓励学生总结所学知识，归纳知识框架，尝试解决实际生活中的问题，提升概括归纳的能力。并且，睿升的老师会定时抽出一节复习课的时间完全放手，让学生自行设计课程并上台当一次"小老师"，通过教授他人的方式发现知识盲区。在开学之初，学校就要求每位家长为学生买 400 张 A4 纸，以便让学生进行课前自学和课程设计。在睿升的教学理念之中，这也是学生自学的一种方式。

其次，自思就是"让学生自己愿意思考，敢于思考，善于思考"，遇事多问几个"为什么"。基于这一理念，武汉睿升学习从多方面下手助力。首先，鼓励学生培养好奇心和求知欲，遇到难题不要直接选择放弃等待老师讲解，而是多自行思考尝试加以解决。具体来说，根据维果斯基的最近发展区理论，老师会布置少量拓展类习题作为任务供学生课后探索，鼓励学生发散思维，寻找多种解题思路。其次，睿升学校鼓励学生在学习方面可以适当"挑战老师的权威"，不要一味地相信课本上的知识，而是要坚信"实践出真知"的道理。因此，睿升学校不仅在课堂上组织学生进行物理、化学、生物实验验证课本上的定理公式，还建立了各类实践教育基地供学生在课余时间选择感兴趣的科研活动，让学生在解决实际问题时自己思考，敢于质疑，分析问题。这种"自思"的培养观念帮助学生不断创新，在各类比赛中都表现出类拔萃，成绩斐然。例如在 2022 年的暑假，睿升学校的"睿升机器人与人工智能"代表队在第二十四届 IRO 国际机器人奥林匹克①(湘鄂)省级大赛中表现优异，斩获 1 金 4 银 5 铜奖牌的好成绩。最后，睿升还提倡让学生在课堂中不断积极思考，让"自思"贯穿学生学习的始终。只要学生能够积极地思考问题、提出问题并尝试解答问题，那么学生的关注点就在知识内容本身，走神的可能性大大降低，这堂课的效率也就相应地提高了。

学生合作完成"声音传感器的应用"

---

① IRO 国际机器人奥林匹克大赛是一场由 IRO 国际机器人奥林匹克委员会举办的，以科技与教育为目标的竞赛，同样也是当今国际上机器人领域最具有影响力的一项普及性赛事。

睿升学生在比赛中表现优异

再次，自控就是"让学生自己控制自己，自己管理自己"。在传统的学校教育当中，学生学习生活以及生活管理都是由班主任、各科教师以及宿管负责人合作负责，有时甚至强制进行管理，扼杀每位学生的个性，而学生只需要将大部分精力专注于自己的课堂学习、完成作业、准备考试上就可以了。而睿升学校则是注重学生的全面发展、终身发展，因此学生还应掌握与人相处、合作共赢的能力。因此睿升提出"每个人都是管理者和被管理者"的想法并付诸行动，老师会为每一位学生安排职位，可以是学生会成员、班委会成员、寝室长等大职位，也可以是学科小组长、纪律小队长等小职位。在学习方面，将班级所有学生进行平均分组，每组每人负责一门学科的学习及作业，实现"自控"的目的。在生活方面同样采取负责制，每个寝室不同的学生分管不同的领域，在被管理的同时也在管理他人。学生在管理他人的过程中对自己的行为进行反思，进而提升自己的自制力，端正思想，最终做到自律自控，增强学习能力、生活能力和人际交往能力。另外，睿升学校同样重视学生的德育工作，将思政教育融入教学，把日常班级管理、年级管理和课堂管理与思政联系起来，从感恩、榜样、诚信、礼仪四方面入手开设校本课程，加深学生对自控的认识，端正学生的思想和品行。

最后，自问就是"让学生自己向自己提问"，自省自查，查漏补缺。学生在传统的学校教育中大多是通过课后作业、单元测试或者期末试卷上的错题进行知识点的查漏补缺，但是这种方式无法让学生在知识的获取之时就知晓自己不理解的地方究竟是什么。另外，高中生面临生理上的成熟和心理上的压力，在学习上总会遇到许多困扰无法第一时间向他人问询。因此，睿升学校提议让学生自己向自己提问，帮助学生查缺补漏。一方面，在预习阶段老师鼓励学生自己向自己发问，记录问题，根据问题找出自己真正不理解的地方，进而在课堂听讲时着重关注；另一方面，老师会安排学生在课堂最后几分钟的时间中向自己提问，例如这节课学习了哪些知识、每个知识又包括哪些知识点、课堂上老师讲的例题是否都理解、每个知识点又会有怎样的变式、如果在考试中遇到了类似的习题该怎样解决，等等，将其作为知识总结的一种方式，实现对新知识的掌握。另外，睿升学校还为学生提供"自查表"进行自省自查，在学期结束时填写"学年小结"进行梳理，不断对自己追问，查找漏洞，填补空缺，进而在各个方面更加努力。曾子在《论语》一书中曾提到的"吾日三省吾身"同样适用于高中学生的学习，只有在不断发问的过程中才能真正理解知识，进而运用知识。

综上所述，武汉睿升学校致力于培养具备自学、自思、自控、自问能力的学生，进而实现培养学生自主学习能力的目的，致力于学生的未来发展与社会适应，为国家培养合格的社会主义建设者和接班人。而武汉睿升学校这一培养目标的提出并不是空穴来风，而是综合教育学界的理论及观点，并结合自己的教学经验整理得出。

二、自主可以促进学生主动提升

武汉睿升学校将培养学生自主学习能力作为高中最重要的目标，其中一个重要的原因是睿升学校认为自主可以促进学生主动地提升。而这一观点与教育学界诸多文献不谋而合，也就是说教育学界相关研究文献为睿升学校的观点提供了支持。所以为了更好地理解睿升教学理念，针对相关概念及研究进行深入探索和分析十分必要。

首先针对"自主"一词本身含义进行追根溯源。"自主"一词最早可追溯至希腊文"autonomia"，当时主要应用于政治领域，意义为"自治、自由"，指依附于大国的希腊城邦进行自我管理。[①]《辞海》中对"自主"的解释为：自己作主，不受别人支配。[②] 由此可见，中西方对于自主的解释都十分强调"自治"这一内涵。

对西方社会而言，自主是相当重要的一部分。马克思在《1884 年经济学哲学手稿》中提出，一个种的整体特性、种的类特性就在于生命活动的性质，而自由的有意识的活动恰恰就是人的类特性。也就是说，个体的自由的、有意识的活动，即个体自主性构成了人的类特性。[③] 马克思的个体自主性思想揭示了全面发展的个人是独立自主、自由自觉和创造性充分发挥的个人。将目光投向国内，我国钟启泉学者提出自主是指"自己成为自己行动

---

① 白小红. 小学生自主能力发展视角下家校沟通现状调查分析[D]. 杭州：杭州师范大学，2020.

② 夏征农，陈至立.《辞海》[M]. 上海：上海辞书出版社，2011.

③ 卡尔·马克思. 1884 年经济学哲学手稿[M]. 北京：人民出版社，2022.

的主体，不依赖他人，自由地做出自己的判断、主张和行动"。① 而在陆芳学者的研究之中，将自主划分为自治性自主、分离性自主两个维度。②

以上针对"自主"的定义虽然不尽相同，但都有共通之处，即都强调独立的个体具备自主的意愿，而不是依赖于他人。这一共同点在睿升的培养目标中也有响应与体现。

睿升学校认为自主可以促使学生积极主动地提升自我，完善自我，成就自我。这一观点也有相应研究作为支撑。学生处在青少年时期，自我意识飞速发展，渴望独立，逐渐成熟，对自主的需求和呼吁也越来越高。因此如何自主掌握自己的生活，独立地作出正确的判断和选择，对学生的身心健康发展和成熟具有重要意义。具体来说，首先，青少年自主性发展是培养其社会适应能力的重要因素，具有较高自主性的学生其社会适应能力、交往能力等方面会表现得更好，在人际交往中更容易进行自我约束，并遵循一定的原则，也就越能获得积极的体验。其次，自主性与创造性有着密不可分的联系，在吉尔福特的智力结构模型中，自主性是创造性人格的重要特征，是高层次创造性人才人格品质中最基本的因素，可以说，自主性是创造素质的灵魂所在，③ 提升自主性也能在一定程度上激发创新创造的出现。最后，青少年的自主性与其心理健康、道德发展密切相关，有研究表明，自主性发展水平较高的学生对自身的评价认识也会更全面客观，心理问题的严重程度也会较低，更容易表现出较强的自信心水平，激发和培养积极的道德思维。④

而睿升通过梳理发现自主在学生学习方面同样有独立自愿、自我选择的含义。韩四清学者认为，学生学习的自主性指的是在教师的指导下，学生针对面临的学习任务，根据学习内容和特点，为保障学习活动能依据学习内部规律要求以及自身特点，充分发挥其学习潜能所必需的自主选择、自主决策、自主执行、自主评价和自主调控的主观能动性。⑤ 在人际关系方面，师生之间、学生之间应当是一种新型的合作关系。另外，我国的柴军应学者针对学生学习自主性开展研究时指出，学生学习的自主性是指学生在学校教学生活中表现的自主性，它并不是某一种单个的品性，而是学生在情意、认知和行为方面的系统性素养，既包含学生合理的自愿与自决，又包含自我管理、自我调节和自我担当。而独立性是学生学习自主性的核心要素，但是这里的独立性并不是指完全脱离他人，必须合理地吸收

① 钟启泉. 西方教育原理[M]. 西安：陕西出版社，1998.
② 陆芳. 青春期自主性和联结性的发展及其与社会适应的关系[D]. 上海：华东师范大学，2011.
③ 曹前有. 自主性是创新素质的灵魂[J]. 湖南社会科学，2001(06)：4-6.
④ Roseberg, M. Self-concept from Middle Childhood through Adolescence[M]. Psychological Perspective on the Self, 1986.
⑤ 韩四清. 简论自主学习的含义、依据和范畴[J]. 河北教育，2000(Z2)：15-17.

和转化他主性中的有利成分。① 简而言之，学生学习的"自主"指的是学生学习需要自愿和自觉，自主选择，自我调节，而不是一味地依赖老师或是家长的不断督促。

最终，睿升发现在传统的教学方式之中，学生的发展可以说是被动的，老师教到哪，学生就学到哪。虽然这种教学方式看似有效，但存在一个很大的缺陷：老师没有教的知识学生就不会，教师的"教"与学生的"学"终究是分割的，无法融为一个统一的整体。因此在教学之中，教师需要让学生自主进行判断，自己思考，自觉开展学习，将学习当成自己分内的事，而不是一种负担。相较于教师的"逼着学"或是"求着学"，自己控制学习进程更有利于学生培养良好的学习品质，使学生真正成为学习的主人。

三、自主能力是学生持续发展的需要

我国著名教育家叶圣陶先生曾经说过这样一句话："教是为了不教。"这句话既点明了我们教学的目的，又道出了教会学生学会学习、培养学生自主能力的重要性。换言之，学校教育中"教"的重点不只在教授知识，更是要培养学生的自主能力，为在日后的学习和生活中独立分析、解决问题奠定基础。正是基于这一看法，睿升学校设立培养目标的另一重要原因是认为自主能力是学生持续发展的需要，在自主学习能力中占有重要地位。

而对于自主能力（independence ability）这一概念，顾名思义，就是自己作主的能力。它是人的本体意志的外在体现，其中包括：自立、自强、自信等多个因素。② 从外在表现上说，当一个独立的人置身于某一特定的社会环境当中时，能对环境进行正确的认识和判断，并根据自己的认识判断进行恰当的活动，这一过程体现的就是这个人的自主能力。

睿升学校通过多年教学发现，自主能力的强弱会影响一个人的方方面面。自主能力较强的人，对环境的适应性也会较强，性格方面会表现得更为乐观坚定，对生活有较强的好奇心和求知欲，而好奇心又能支持增强记忆，帮助学生把注意力集中在学习上，使学习变得愉快，进而获得成功的机会也较多，就算面对失败也能表现出较强的心理承受能力，找出问题所在后继续努力。这一想法可从《饥饿的心灵：童年好奇心的起源》一书中得到研究支撑。而缺乏自主能力的人，在生活中常表现出较多对他人的依赖性，自控力较差，在做选择时常常没有主见，有时会缺乏耐心与恒心，遇到问题便手足无措，不知如何解决。

自主能力的不同会对学生发展产生一定程度的影响。众多国内外研究也指出了培养学生自主能力的重要性，支持了睿升学校的看法。国内主要针对不同学段的学生分别开展研

---

① 柴军应. 学生学习自主性发展研究[D]. 上海：华东师范大学，2016.
② 宗健梅. 简谈儿童自主能力的培养[J]. 河北师范大学学报（教育科学版），1999（02）：137-140.

究。王凤超学者在对小学生开展研究时认为自主能力是人的可持续发展能力，是人终身发展能力不可或缺的能力，一个学生的自主能力越高，他就越能充分获得发展。[①] 学者林林提出，中学生自主能力的培养有利于发挥其主观能动性，培养学生的独立人格，激发学生的创造性。[②] 针对中职学生，高翔认为培养其自主能力是构建和谐社会和城乡教育统筹的需要，是适应就业市场的需要，也是中职学校生存和发展的需要。[③] 而国外学者则是综合社会、文化等多个方面进行考虑给出自主能力的重要性。霍莱茨在 1981 年提出自主能力是一种自我控制的学习能力，可帮助学习者对学习过程中的各种问题做出决策。[④] 兰格学者认为社会进步和经济的发展对学生提出了更高的要求，而满足这些要求则需要学生具备良好的自主能力，而调研数据表明，学生自主学习能力越高，学习倦怠水平越低，成绩就会越高。[⑤] 还有学者通过数据收集和分析得出，自主能力对成绩有直接的、积极的影响。[⑥]

除去相关学术研究之外，不少国家的政策文件以及教育理念也会联系社会形势，强调学生自主能力的培养。

在国外的教学理念之中无不渗透着对自主能力的重视。例如，美国的教育理念注重培养学生的批判性思维和独立思考的能力，鼓励学生灵活运用知识发现和解决问题，帮助学生树立自信、自主、自立的精神；英国大学课堂教学提倡自主学习和调查实践，涉及讲座课和启发式讨论两个环节，其中学生准备讨论的过程就是自主学习、培养自主能力的过程，教师将发言和表达的机会留给学生。国际 21 世纪教育委员会提交的《教育——财富蕴藏其中》的报告中指出，学习的四大支柱为学会认知(learning to know)、学会做事(learning to do)、学会共同生活(learning to live together)以及学会生存(learning to be)，而自主学习能力无疑是这四大支柱的基础。

近几年，我国对学生自主能力的要求也在不断提高。受新冠肺炎疫情的影响，我国大多数学校在国家政策的引导下开展"停课不停学"的教学工作，号召老师学生在家利用云平台和网络进行学习。而学习环境的改变对学生自主能力的要求也在不断提高。众多研究表明，在学校教室之外的环境中，没有家长或教师的监督管理，自主能力较弱的学生难以做

---

① 王凤超. 小学生自主能力的培养机制研究[D]. 上海：华东师范大学，2011.

② 林林. 少先队活动中学生自主能力培养的实践研究[D]. 上海：上海师范大学，2016.

③ 高翔. 中职学生自主能力培养问题研究[D]. 重庆：西南大学，2008.

④ Holec, H.. Autonomy and Foreign Language Learning[M]. Oxford：Pergamon Press, 1981.

⑤ Langer, M., He, Z., Rahayu, W., Xue, Y. Distributed Training of Deep Learning Models：A Taxonomic Perspective[J]. IEEEE Transactions on Parallel and Distributed Systems, 2020, 31(12)：2802-2818.

⑥ Wang, Y. K.. The Relationship Among Non-English Majors' Autonomous Learning Ability, Learning Burnout and English Grades：A Structural Equation Modeling Study[J]. Chinese Journal of Applied Linguistics, 2019, 42(01)：79-91.

到自律自控，他们的学习效率大幅下降，边学边玩的现象较为普遍。① 因此，针对诸多问题，2020 年我国教育部出台的《关于中小学延期开学期间"停课不停学"有关工作安排的通知》中明确提到，各地各校要高度重视、精心组织，指导学生以多种方式居家学习，注重培养学生自主学习能力，帮助学生科学制订居家学习计划。在《关于学习贯彻习近平总书记在全国抗击新冠肺炎疫情表彰大会上的重要讲话精神的通知》文件中也有提及：全面总结推广"停课不停学不停教"经验，提升教师教学能力和学生自主学习能力。这体现了国家在疫情期间对学生自主能力的重视。

不论是研究结论还是政策文件，都提出学生自主能力的培养不仅影响着学生的成绩，更是影响着学生未来对社会环境的适应。这也从侧面表示睿升提出的"培养自主能力是学生持续发展的需要"这一想法的可靠性。"未来的文盲不再是不识字的人，而是没有学会怎样学习的人。"而学校和教师需要承担培养学生自主学习能力的责任，从多角度入手为学生综合发展保驾护航。

---

① 马树. 新时代网课模式下初中生数学自主学习能力分析[J]. 新课程，2022(09)：138-139.

实践活动育人是培养学生自主学习
能力的最主要渠道

面临高考的压力，如何更多地促进学生自主学习能力的培养，进而挖掘学生的潜力，已经成为当前高中教育改革实验的热点和难点之一。一直以来，由于受到高考制度的制约以及社会对于高竞争评价方式的重视等多方面原因，我国高中阶段的教育往往以应试教育、传授知识为主，一些同高考知识掌握、做题技巧传授无直接关系的课外活动被不少学校教师和家长打上"无用""没必要""浪费时间"等标签。这种以知识为中心的学校教育所培养出来的学生存在理论与实践相脱离、"高分低能"的问题，特别是动手解决实际问题的能力和社会实践能力较差，学习发展的后劲不足，学生眼界狭隘，缺乏自我教育和自主学习的问题意识、问题能力、创新能力差，等等，最终导致学生在校考试分数高，而在社会中却无法适应，甚至无法正常社交和生活。

那么到底什么才是培养学生自主学习能力的最主要渠道呢？要达成这一目标的方法论是什么？众多学者提出过不同的方法，而武汉睿升学校经过多年的教学探索和总结，形成了"实践育人"的理念。针对实践活动的定义，不同研究提出了各自的见解，但睿升提出"学校中所开展的教育活动，只要有利于学生认识世界和改造世界，就可以看作实践的育人活动"这一观念，想方设法让学生在实践活动过程中增强能力，尽管这一能力的落实可能需要较长时间才能体现和验证。睿升人提出实践活动育人是培养学生自主学习能力的最主要、最高效、最迅速的方法，因此通过实践活动实现学生能力提升的教学模式是最佳的，培养学生自主能力的主渠道是实践活动育人。睿升这一创新的教育理念为教育学界认识实践活动的本质提供了一个思考讨论的新角度。

为什么睿升会有这样的理念？正是基于实践活动的重要性，武汉睿升学校的"实践育人"教育理念借助实践活动参与体验，在真实的活动中让学生经历发现问题、提出问题、解决问题的全过程，进而提高学生的能力。一直以来，人们往往将实践与理论、学校与社会两对关系截然地区分开来，认为理论知识的学习就是学校的事情，实践能力的培养是社会的责任，进而导致了学校实践活动人造化、同时又与社会要求脱节。睿升人并不认为学生一定要走出校门才能够实践。引用马克思的话来说：实践是人类认识世界改造世界的活动。也就是说,只要学生的思维发生了认识上的变化、行为对于改造主客观世界有益,那么都可以看作实践,我们学校里所开展的教育,只要有利于学生认识世界和改造世界,就可以看作"实践"的育人活动。

一、睿升实践育人的理论缘起

武汉市睿升学校通过多年的实践探索发现,只有将学生的学习与学生的实践紧密结合起来,实施"实践育人",才能真正解决学生学习素养发展与教育功利性目的之间的矛盾。而要理解"实践育人"理念,首先需对"实践"的概念有一定的理解,从相关理论入手展开分析。

在日常语境中,"实践"常被曲解或误读。它要么被视为一种不言自明、无需进一步阐发的概念,使得"实践"概念变得广泛化和空洞化;要么就被简单地等同于日常活动,甚至直接等同于技巧性、技术性的劳动。

这两种误读显然都没有指出实践活动的本质。马克思通过对黑格尔和费尔巴哈的解读与批判,将实践推向了一个极高的位置。他认为,实践是人类现实的、感性的、能动的活动,人类全部的社会生活在本质上都是实践的。在马克思看来,没有实践就没有感性世界的存在,就没有社会生活的存在,也就没有人。人类是以实践的方式而存在。这为睿升提出"实践育人"的口号奠定了基础。

(一)学生实践体验已成为世界课程改革的主流

睿升人认为既然实践活动如此重要,教育活动作为人类活动的重要组成部分之一,实践也必然囊括于教育之中。杜威在自己的教育理论中指出"准备社会生活的唯一方式就是参与社会生活",而他给学生的学习和作业则是"复演社会生活中进行的某种工作或与之平行的活动方式",以便"发展科学的反思性思维、问题解决的能力和思考问题的习惯"。这种参与社会活动的学习就是一种学习实践。

进入 21 世纪以来,在中国乃至世界各个国家,向教育教学中引入实践活动,通过实践活动来培养学生、发展学生现已成为课程改革的重要举措。软化学科界限、强调学习者经验的课程整合以及转向积极探究与发现学习的学习方式等已经成为现阶段世界课程改革的共同主题。美国的"设计学习课程"(Project or Design Learning)、"应用学习"(Applied Learning),法国中小学的"动手做"(hands-on),英国的"交叉课程"、日本的"综合学习时间""基于课题的探究学习活动"和"体验性学习活动"等都非常重视学生的实践体验。这说明引入实践活动已经成为世界各国基础教育改革的共同趋势。而睿升提出"实践育人"教育理念正是符合国际发展趋势的体现。

(二)实践育人的理论基础

1. 马克思主义实践论

马克思是国际著名的思想家、政治学家和革命理论家。马克思主义哲学认为，实践是人有目的地进行的现实的、感性的自觉活动，是主体见之于客体的能动的"对象性活动"。在马克思看来，实践是人所特有的存在方式，人的实践活动具有主体性，人通过这种活动不断改造周围外部世界的同时，又不断地丰富着自己的内部世界，发展着自己的本质特征，使人永远处于一种创造、提升状态。

可见，马克思哲学给予了实践非常重要的意义。实践不仅是人类改造社会的方式，也是人促进自身发展的方式。因此，在马克思的人的全民发展学说中，实践能力的发展，以及通过实践活动来促进人的发展都是非常重要内容。

基于以上阐述可以发现，马克思主义实践论在睿升"实践育人"当中有着重要体现。正是对实践的概念有了深刻的认识，睿升才能以此为基础进行教学探索并取得相应成就。

2. 斯宾塞科学教育论

斯宾塞是近代西方科学教育思想的倡导者，他所提出的科学教育论对于睿升学校科技育人理念的提出有重要的影响。斯宾塞从"为完满生活做准备"的教育目的出发，提出了科学知识和科学教育的重要性。在他看来，科学知识的价值包含两个方面的内容。

一方面，科学知识对于人类的生活具有一定的指导价值，因此进行科学教育能够使学生掌握一切活动的基本原理，进而使学生的未来生活更加科学化、现代化和舒适。

另一方面，科学知识对于学生具有训练价值，因此进行科学教育能够训练学生的心智水平，提升动手能力。斯宾塞认为，学校教学内容不仅要考虑知识本身的价值，还要注重各科知识在训练心智方面的作用。因此，作为一种训练手段，科学知识不仅可以培养思考力和记忆力，还可以培养创造力和判断力，更可以提升学生的道德水平、陶冶情操。

科学教育应该遵循自我教育的原则。斯宾塞认为学习是让学生获得满足，追求快乐的过程，而"愉快的教育过程"同时也应该是一个"自我教育的过程"。因为只有让学生"学会自我教育"才能让学生"心智成长"。在斯宾塞看来，自我教育之所以可以让学生体会到快乐，是因为它符合"能力演化阶段"的原因——能力越大、越能自我掌控、越能感受到快乐。因此，自我教育是斯宾塞教育工作中最重要的原则。这对于睿升实践育人思想中"学生自育"的思想不谋而合。

二、睿升实践育人的本质探索

具体来说，实践育人就是指通过引导学生参加与自身健康成长和成才密切相关的各种应用性、综合性、创新性实践活动，促使他们形成综合的素质，具备长期发展的潜力、健全的人格、勇于创新的精神和实践能力。它具有实践性、学生主体性、综合性和开放性等多重特点。为此，睿升学校还专门成立了实践育人办公室，将各科教学都整合在一起，促进教学模式转变，学校要求通过学生预习、自习、课前碰碰题、课后小组学习等方式来改变学生原先学习的惯性。

武汉睿升学校文件

武睿办[2010]03 号

关于我校成立实践育人办公室的决定

为进一步推进"实践育人、多元发展"的特色办学模式，将科技教育作为一种常态化、系统性的工作，经校办公会研究决定，成立实践育人办公室。任命刘清明为办公室主任，设定专职科技教师编制 10 人，另聘专家和兼职教师 10 人。

主报：睿升校办　　存　档　　　　　　　　　共印 5 份

武汉睿升学校成立实践育人办公室的文件

实践育人的核心就是通过实践活动来培养教育学生，分而论之，"实践育人"理念可以从以下方面进行更加详细的分解和解读。

(一) 何为实践

"实践育人"教学理念内的"实践",具有广泛的意义。它不仅是学生在社会生活、生产劳动中的实践,也是学生在学校活动中的一切亲身经历和能动的体验。因此,我们将"实践"定义为:在学校教育情境中,凡是学生亲身参与体验的、发现问题、提出问题和解决问题的全过程活动,都是"实践"。需要注意的是,在睿升学校,实践是学生的动手操作,是学生的亲身经历,是师生为获得发展增长知识的一切活动,自然也包括课堂教学活动。

(二) 何为育人

学生在学校中亲身经历的一切活动,是在国家教育方针指导下,在学校根据国家课程要求有计划有组织安排的。因此,睿升"实践育人"的"育"既有学生主动学习,也就是自育,同样也有教师根据国家教育宗旨、学校培养目标有计划的引导教育,即他育,更有学校师生共同参与研讨、相互交流互动的师生共育。其中"学生自育"既是"实践育人"得以实施的方法途径,也是"实践育人"的最终指向。

学生自育,是指增强学生的自学能力和独立学习能力。对于教学中一些简单的陈述性知识内容睿升提倡由学生自学。这既能够提高他们提出问题、分析问题、解决问题的能力,又有利于提升他们的自控能力和自我管理能力,更重要的是,鼓励学生自学能够拓展学生知识结构中的"元认知知识",让他们能更清楚地认识自己的学习风格、学习特点,进而在学校之外的未来生活和发展中,能够不断积累知识。

(三) 实践育人的特点

1. 过程性与不确定性

恩格斯曾说过,世界不是既成事物的集合体,而是过程的集合体。过程属性是教育的基本属性。在现代教育理论中,师生的发展是在具体的教育过程中实现的。在实践活动当中,由于会受到多方面因素的影响和制约,因此实践育人也一定表现出动态性和过程性。

2. 差异性与复杂性

教育不仅是传递知识的认识过程,更是满足需要、提高能力、陶冶灵魂的实践过程。个体的差异性决定了教育的差异性和复杂性。复杂性是客观世界固有的规定性,教育自身的复杂性决定了教育过程的复杂性。因此,实践育人也会具有差异性与复杂性的特点。

3. 开放性和生成性

人的发展是不断生成变化的，而不是一蹴而就的。这就决定了实践育人过程也是开放的、生成的。在实践活动当中，不仅有学生的参与，还会有教师的积极配合、现实环境的限制，等等，因此教师、物质现实、反应环境等都成为影响实践活动效果的变量。师生在特定情境中围绕一定的实践主题交互作用，相互启发，相互促进，因此学生的发展也发生在这个互动和交往的过程中，这些都是不可能完全预设的。这正是实践育人开放性与生成性的原因所在。

(四) 实践育人的目标

"实践育人"是武汉睿升学校多年来人才培养实践的总结与升华。在当前国家建设人力资源强国战略和高校招生制度改革的大背景下，睿升的目标共有长远愿景和短期现实目标两类。

1. 长远愿景

睿升着眼于让学生终身受益，着眼于学生的能力培养，让学生学会思考。睿升旨在通过实践活动提升学生提出问题、分析问题和解决问题的思维能力，提升学生的知识水平，发展学生的思维能力，陶冶学生的人格完善，进而培养具有创新意识、创新能力和创新思维、具备终身发展潜力的高质量人才。

2. 短期现实目标

中学教育办学离不开对学生学业成绩提升的追求。在当前人才评价制度的大背景下，回避学生学业质量和考试成绩的改革，学校很难走得长远。因此武汉睿升学校基于对学生思维培养这一长远目标，通过多维、丰富的课程安排，促进学生的知识掌握与技能提升，进而提升睿升学校每一位学生的学业水平，提升全校的高考质量。

(五) 倡导实践育人的必要性

正是基于实践活动的重要性以及学生实践体验在世界课程潮流中日益凸显的地位，武汉睿升学校在多年教育探索的基础上，挖掘实践活动的本质，提出了"实践育人"的教育理念，旨在让学生体验参与实践活动，在真实的活动中让学生经历发现问题、提出问题、分析问题、解决问题的全过程，进而提高学生解决问题能力、创新能力和突破传统思维定势的能力。

而睿升之所以要强调使用真实的实践情境参与学校教学育人，这是由实践育人的必要性所决定的。

1. 传统的实践教学孤立于学校和社会之外，成为一种"假情境"

一直以来，我们往往将实践与理论、学校与社会两对关系截然区分开来，传统观念认为理论知识的学习就是学校的事情，实践能力的培养则应该是社会的责任。虽然社会要求人才实践能力的提升，但是当学校开始负担起人才实践能力的培养时，就常常试图为学生营造一种"社会的情境"，给学生一种潜在的感觉，似乎所有的实践都应该在社会中展开，而不是学校。这种情况导致了学校实践活动"人造化"，同时又与社会的实际要求脱节。

事实上，实践是人类社会特有的一种活动形式，它存在于人类生活的方方面面，当然也应该存在于学校教育、课堂教学之中。

2. 学生千差万别的个性差异要求课堂教学给予每个学生发展的机会

每个人从其刚出生开始，便面临许多无法改变的既定事实。而教育也被人们认为是改变命运最容易的方式。因此针对千差万别的孩子，国家和社会日益关注教育机会平等的问题，特别是两方面：课堂教育机会的平等、在教学过程中的平等。如何为不同家庭背景的学生提供平等的教育资源，为喜欢动手的学生搭建学习活动的环境与场所，为不同学习风格、不同能力的学生营造良好的学习环境氛围和学习评价标准等，这都是解决教学过程机会平等问题之中需要考虑的。而睿升的"实践育人"理念正是为不同个性的学生提供了不同的平台。

3. 知识更新周期急剧缩短需要改变原有的课程知识类型

当今时代，信息技术的飞速发展导致知识的更替周期缩短，新知识与新思想不断涌现。而现有的学校课程知识存在着单一性、陈旧性和僵化性等实际问题，忽视了其对学生未来发展的作用；未来社会需要的是会自主学习的人，而不是学会了教科书上知识的人。因为知识的更新迭代速度极快，在学校内所学会的知识可能很快就已经陈旧过时，落后于社会发展。同时，现有的课程结构片面强调了课程的基础性、专业性和系统性，忽视了知识的创新、人文精神和文化素养的融合。也就是说，现有的课程知识的设置和选择缺失了人格养成的需要，这也是睿升提出"实践育人"教育理念的原因之一。

三、学界对实践活动的认识

睿升所提出的"实践育人"教育理念并不是毫无根据的，是国家政策的落实体现。众所周知，人的实践能力是在参与现实的实践过程中逐步发展起来的。中国古诗中有写"纸上得来终觉浅，绝知此事要躬行"，同样强调实践、躬行的重要性。而在2017年教育部关于印发《中小学综合实践活动课程指导纲要》的通知中明确指出："各地要充分认识综合实践活动课程的重要意义，确保综合实践活动课程全面开设到位。"实践活动是贯彻落实党的教育方针的重要举措，是提升学生综合素质的主要抓手，对于当前贯彻落实党的十九大精神，全面推进素质教育具有重要意义。

目前，考虑到实践活动主体即学生的身心发展尚未完全成熟，所以学界对于学生的实践活动的定义多指综合实践活动，实践的客体简单、健康和可控，实践手段明确、安全以及易学，[①] 立足于学生的亲身经历。

结合国内外专家学者的看法，综合实践活动是一种具有综合性、实践性、开放性、生成性、自主性等特点的经验性课程。这些特点与睿升"实践育人"的特点有共通之处。

一方面，睿升教育观念的提出是从国外的众多研究中吸取灵感。国外关于综合实践活动课程的思想最早可追溯至欧洲文艺复兴时期，那时欧洲的人文主义思想家追求人的个性解放，提出人本主义教育理论。这一理论的出现为综合实践活动奠定了思想基础。之后，启蒙运动时期，卢梭提议让儿童通过自己的活动来学习，首次开辟了活动课程的思想方向，使得综合实践活动更进一步。自20世纪90年代以来，加强课程的综合性和实践性已成为国际教育的主流，例如美国开设社会参与性学习（Social Participating Learning）、设计学习（Projector Design Leaning，PDL）等课程；法国设计"综合学习""动手做（hands-on）""技术实践"等课程；日本开设"综合学习""体验性学习活动"，重视培养学生问题解决能力，引导学生掌握科学的学习和思考方法。世界各国相继开设综合实践活动课程，都表明了要加强学生与生活之间的联系，提倡让学生积极主动地参与到周围的自然和社会生活当中去。这种思想与睿升的看法不谋而合。

另一方面，国内众多有关实践活动的研究也为睿升实践育人理念提供了支持。国内综合实践活动的较早研究可追溯到陶行知先生，他提出"生活即教育"，采用主题活动的形式开展教学。而相关研究主要集中于2000年之后，专家学者对综合实践活动的概念界定较

---

① 傅维利，杨民，白冬青. 论中小学生实践活动的特点即发展过程[J]. 教育研究，2000（09）：31-36.

多。如张华学者认为综合实践活动是一种基于学生经验、密切联系学生自身生活和社会生活，体现对知识综合运用的课程形态。① 钟启泉教授认为综合实践活动是超越了传统的课程教学制度——学科、课堂、评分的束缚，使学生置身于活生生的、现实的(以致虚拟的)学习环境之中，综合地习得现实社会及未来世界所需要的种种知识、能力、态度的一种课程编制模式。② 根据国家政策规定，周虹学者认为综合实践活动是一种实践性课程，主张回归学生的生活，在社会生活中学习。③ 从以上专家、学者对综合实践活动的定义来看，同样都强调学生积极主动地参与社会生活，认为综合实践活动是一种特殊的实践性、发展性课程。

而关于综合实践活动的具体分类，已有的政策文件给出了分类标准。《基础教育课程改革纲要(试行)》规定："从小学至高中设置综合实践活动并作为必修课，其内容主要包括信息技术教育、研究性学习、社区服务与社会实践以及劳动与技术教育。强调学生通过实践，增强探究和创新意识，学习科学研究的方法，发展综合运用知识的能力。"我国台湾省在1994年颁布的《小学课程标准》和中学课程标准中规定中小学生实施综合活动课程，包括家政与生活科技活动、乡土艺术活动、辅导活动课程、团队活动，注重培养学生的人文情怀、民族素养、国际意识以及自主学习能力。

综合以上内容，综合实践活动有着悠久的历史，在世界各国也有着广泛的实践基础。而综合实践的含义和分类与社会生活密切相关，重视让学生切实参与到社会生活当中。

而睿升的实践育人同样强调让学生切实参与各类真实的实践活动，将学生的学习与实践紧密结合，在学习知识的同时更注重发展培养能力，进而形成综合素质，为学生未来的社会适应做准备。

---

① 张华. 综合实践活动课程：理念与框架[J]. 教育发展研究，2001(01)：44-47.
② 钟启泉. 综合实践活动：涵义、价值及其误区[J]. 教育研究，2002(06)：43-48.
③ 周虹. 基于学生社团的综合实践活动实施策略研究[D]. 成都：四川师范大学，2013.

学习教学实践是高中育人实践活动的最主要类型

实践活动是人类活动的重要形式，毋庸置疑，人类在实践中得以发展，得以进步。当今时代，强调学生实践体验已经成为世界课程改革的主流方向之一。

考虑到学生在高中三年的时间内主要接触的是学习教学，因此睿升人认为在学校教育的情境中，凡是学生亲身参与体验的，发现问题、提出问题、分析问题和解决问题的全过程活动，都是"育人的实践活动"。睿升在多年"实践育人"探索的基础上，将高中育人实践活动划分为三种基本类型：学习教学实践、科技探索实践和生活管理实践，分别侧重学生的课堂教学、探索创新与管理自控，促进学生掌握课堂知识和多元技能，进而提升睿升每一位学生的综合素质。这三类实践活动相互促进，相辅相成，以学生自主学习能力发展为中心，联系起教师、学校、家庭、社会四大主体，共同构成睿升人才培育的"互动环"。

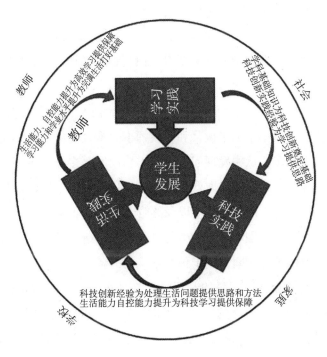

人才培育"互动环"

而在三种类型的实践活动当中，学习教学实践是睿升育人实践的最主要的类型，也是最重要的类型。睿升人认为学生在学校主要进行的就是课堂学习活动，那么学习实践对学生的影响不言而喻。只有化学生的被动学习为主动探究，让学生在教学中获得知识、实践知识，才能进而内化知识、发展能力，适应社会需求，实现睿升"实践育人"的理念的落地。

一、睿升学习教学实践活动的含义

在高中阶段，学习活动是学生在校参与的最主要的实践活动，占据学生在校总时间的50%～60%。而挖掘学习活动中的育人价值，将学习活动转化为发现问题、提出问题、分析问题以及解决问题的完整过程，进而提升学生自主学习能力和高级思维，是睿升学习教学实践的重要内容，也是睿升"实践育人"的关键思路。总而言之，学习教学实践是睿升"实践"内涵的最重要组成部分。

为什么睿升会把学习教学实践活动作为"实践育人"的关键思路呢？这就需要追溯至传统教学方式的弊端。传统的教学方式强调教师的知识传授和学生的知识掌握，是以书本知识和高考明确考点为依据和线索的知识学习。长期处于这样的教学方式之下，虽然学生能够在短时间内掌握大量的事实性知识，通过死记硬背以及机械重复记忆掌握一部分的操作程序性知识，但传统教学方式却并不能教给学生相对高级的策略性知识。这就使得我们的学生在高中学习过程中呈现出"高分低能、后劲乏力"的遗憾。

武汉睿升学校针对这样的情况，化学生的被动学习为学生的主动探究，将学习活动转化为学习教学实践，让学生在课堂教学中获得知识、实践知识、内化知识，进而形成相应的能力。

那么睿升是如何落脚到实施层面上的呢？具体的做法包括：在班级中设立学习小组，在每次学习新知识之前，以小组为单位，利用教师事先整理的碰碰题等预习、自学资料对课程内容进行初步自学预习，从中发现问题，提出新问题等多个方面。

为了实现育人目标，睿升学校采取众多对策。首先，设置多种学习形式，促进学生预习自学。为了培养和提升学生的自学能力以及终身学习能力，学校在课前、课中和课后都十分强调学生的自学，为此特别增加了学生的自学环节和碰碰题环节。每天晚自习9点之后所有时间为学校专设的预习时间，用于预习第二天的各个学科的课堂内容。同时学校要求每一位科任老师都要针对自己学科的学习进度在课前设置一定数量的"碰碰题"。一方面，"碰碰题"可用于让学生对自己的自学成果进行检测，以便实时判断、监控和调节自己的学习掌握程度；另一方面，"碰碰题"也能够帮助学生梳理学习要点和知识点，辅助学生发现问题，培养问题意识。

　　睿升采取的对策是否真的有效还需要看学生的意见。针对课前预习、小组互助、学习反思等学习教学实践的成效，睿升学校对学生开展定期访谈，收集学生的感悟总结，汇总学生看法，不断改进对策，以期更好地服务学生、发展学生。以下是睿升学校收集的学生课堂感受：

【案例一】

《生物学习的"两重天"》（引自王艳意老师的《优秀学生访谈录》）

　　课前自学后老师点拨与学生不自学老师直接上课有什么区别？

　　（冯）：生物的预习和不预习是两重天。预习过后，课本内的知识点很容易把握。如果不预习，听课时头脑多半会一头雾水。

　　（江）：老师在预习时把我们分成若干个小组，每个小组是一个团队。有时老师让我们担任小老师讲课，我们就要深挖教材，查找资料，这个时候集体的力量就体现出来了。

　　（罗）：预习后遇到难题，可以在课堂上有目的地提问，提高了课堂效率。

　　（张）：有的课时预习后能揣测考试的出题点，知识面扩大了。

　　例如在对学生生物课学习的访谈之中，学生将生物课前预不预习的效果比喻为"两重天"，发现不预习的结果是课堂上跟不上老师的进度安排，而预习过的结果更好。最后，多数学生对课前自行预习的学习方式表示认可和满意，认为课前预习发挥着重要的作用。教师通过询问也了解到课前预习的成效，在日后的教学过程中能更好地掌握学生的预习情况进而开展教学。

　　其次，鼓励学生成立学习小组，互帮互助，遇到难题时相互讨论，寻找正确的解题思路，共同进步。睿升提出的小组共同学习方式不仅为学生创设了良好的学习氛围，提高了学生的学习效果，而且小组成员间的相互激励也会让学生保持良好积极的心态。2008届的优秀学生雷蕾在她的日记中也表达了对学校组织同学互助学习方式的肯定：

【案例二】

《同学互助、相互讨论——2008届 雷蕾同学的小日记》

　　我的好室友，我们同上一本！

　　2008届雷蕾同学，来自十堰地区，以584分考取武汉理工大学。

第一次过集体生活的我，很幸运，遇到了一群非常棒的室友。晚睡早起是家常便饭，少说多做是我们共同的守则。学习上不懂的问题，相互讨论，生活中互帮互助。尽量将我们的不适应缩短。

我们也会寻找放松，有固定的闲聊时光。那时，是最开心的时候。在最后的阶段，大大小小的考试，难免有失手的时候，我们都会相互鼓劲。我们明白，情绪是会传染的。积极乐观的情绪能感染所有人。

可以看出，雷蕾同学认为寝室室友之间的互助不仅在学习上得到了提升，共同解决学习难题，而且在日常生活中大家共同努力相互鼓励，让大家的情绪一直保持积极乐观，在最终的高考中都取得了优异的成绩。这种小组或是寝室共同学习的方式也是武汉睿升学校为培养学生自主学习能力、践行学习教学实践所做出的努力之一。

再次，睿升人同样重视学生的学习反思情况，学生通过归纳总结获得新的、只属于自己的感悟，进而提高学习效果，达到育人的目的。2012届优秀学生陈忠瑾就在他的学习体会中表示自己将学习划分为三个阶段：

【案例三】

《我的学习有三次升华——2012届陈忠瑾同学的学习体会》

我们的一位老师曾说："一个高中生写三年的作业不可能成为优秀学生，如果写三年的学习反思能成为尖子。"我的学习反思就是重视并践行"第三次学习"。我把学习分为三个阶段：

"上课听讲，是第一次学习"，重在理解接受。

"课后作业，第二次学习"，重在消化与记忆。

此后知识的深化过程，是"第三次学习"，是反思、梳理和举一反三的升华。

"第三次学习"首先要对基本概念、定理在弄清的基础上加深理解，是理解成记忆，是内化成本领，而不是光靠死记硬背。然后，对以往零散的知识系统化，将前两次学习中获得的知识点"穿成线、连成面"，形成一个完整的知识系统。这重在反思，重在真正融会贯通，真正形成自己的综合能力，达到"明理"的境界。

借助上课听讲、课后作业、知识深化三个阶段，陈忠瑾同学让知识在自己的脑海里融会贯通，连点成线，进而举一反三。这说明该学生在睿升学习教学实践活动的指导下，已经将反思做到了极致，自身的自主学习能力得到一定程度的提升。这说明睿升学校所提倡的学习教学实践不仅仅教给学生知识，更重要的是让学生真正“学会”知识。

除了学生自行进行总结归纳，睿升学校还会定时为学生发放如下图所示的问卷让学生填写，以了解学生的自主学习情况：

【案例四】

《学生对自主学习的感想》

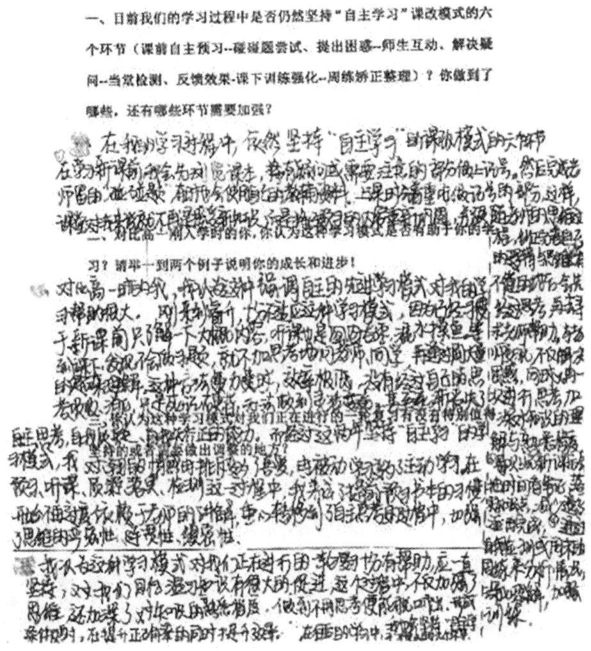

一、目前我们的学习过程中是否仍然坚持“自主学习”课改模式的六个环节（课前自主预习--碰碰题尝试、提出困惑--师生互动、解决疑问--当堂检测、反馈效果-课下训练强化--周练矫正整理）？你做到了哪些，还有哪些环节需要加强？

二、对比高一刚入学时的你，你认为这种学习模式是否有助于你的学习？请举一到两个例子说明你的成长和进步！

三、你认为这种学习模式对我们正在进行的一轮复习有没有特别值得坚持的或者需要做出调整的地方？

调查问卷

睿升学校设计的问卷不仅是让学生填写感悟与不足，而且鼓励学生进行纵向对比，根据实例发现自己的成长与不足，进而得出努力的目标与方向，为后续的学习做好打算。这同样是睿升学校落实学习教学实践的有效对策之一。

综合来看，睿升学习教学实践不是单纯的老师课堂教授，而是将学生作为教学的主体，将学生作为实践活动的主体，注重“把时间还给学生，把方法教给学生”，将实践育人落到实处。

二、睿升学习教学实践活动的地位

在睿升三种基本类型的实践活动当中，学习教学实践看似与科技探索实践、生活管理实践彼此独立，但在睿升学校的"实践育人"理念当中，三者紧密结合，缺一不可。

　　首先，从概念上理解，学习教学实践是学生在学校中最主要的实践活动，它是学生实践活动的主要部分。它既包括在课堂上跟随教师进行的教学活动，也包括在课前、课中、课后的自主提问以及自主探索和自主回答的过程。老师在课堂教学中的作用是引导或是指导，学生在课堂活动当中去获得知识进而培养自己的能力，学会思考问题。良好的学习教学实践有利于学生扎实掌握学科知识，为培养能力夯实基础，达成"育人"的最终目的。

　　其次，从学习教学实践与科技探索实践之间的关系进行阐述，学科基础知识为科技探索创新奠定了坚实的知识基础。学科基础知识与科技创新实践密切相关。不存在超越知识的创新能力，也不存在不依赖于知识的创新。一方面，一个人所掌握的知识越多，其创新实践能力也会相应地有所提升。牛顿之所以能发现万有引力定律，主要得益于其扎实的数学知识基础，而胡克在开普勒行星运动三大定律基础上提出了自己的三大假设，假设中已经包含了有关万有引力的问题，但由于胡克的数学知识不足，难以进行定量的数学描述，所以遗憾错过了发现万有引力定律的机会。正如牛顿所说的那样："如果我能看得比别人远，那是因为我站在巨人肩膀上的缘故。"所以学科基础知识可以为科技创新奠定基础。而另一方面，科技创新实践并不是与学生学习完全无关，学生进行科技创新的过程实际上就是知识的实际运用，学生在科技实践过程中发现新问题、分析新问题并最终解决新问题的过程全部都需要用到存储在学生头脑中的知识。例如，在睿升特有的电子技术课程中，教师引导学生设计了"闪烁灯的设计""LCD 显示屏的控制""计时器的设计""扬声器的使用""步进电机的使用与控制""声音传感器的应用""定时器的使用"以及下图刘颉洛同学设计的"自动打水装置"等方案，在实践过程中学生为解决实际问题，会查阅大量资料，不仅对以往学过的知识有了更深层次的理解，而且还学习了新的知识。这些经验培养了学生的科学思维能力、创新能力，为学生的学习提供了新的思路。

　　另外，从学习教学实践与生活管理实践之间的关系进行阐述，学生学习能力和学业水平的提升可以为完满生活打好基础。个人的生活自控能力与学习看似关系不大，但实际上互为保障。一方面，学习不仅仅与学生自身的努力程度有关，更与自制自控力有关。高尔基曾说过这样一句话："哪怕对自己的一点小小的克制，也会使人变得强而有力。"睿升学校同样重视学生的生活与管理方面，为学生营造良好的生活和学习环境，让学生自行管理，培养学生的主体意识，创设积极向上的学习氛围，激发学生的内驱力量，为学生的学习提供保障。另一方面，学习的最终目的还是要回归生活，享受生活。睿升学校鼓励学生认真思考，勇于实践，学以致用，激发学习的最大潜能，将书本中学习到的知识应用于实际生活当中，为学生未来的完满生活打好基础。例如，针对学校升旗时音乐播放与升旗速度不匹配的问题，睿升学校的吴倩、孟昭芬、余凡琦等学生设计了自动升旗杆，为升旗带

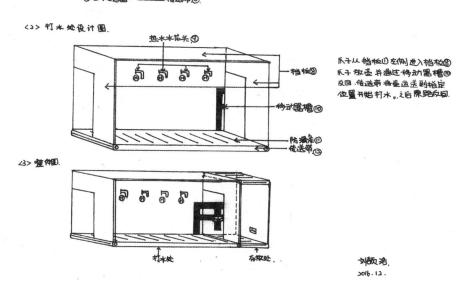

自动打水装置

一. 目的

　　由于学校开水房使用效率太低,高峰期人流量大,上课时间开水装置反复烧水,对学生的健康有影响,故设计"自动打水装置"让学生上课时自动打水,下课直接拿开水壶,以免堆积人流量。

二. 设计图.

<1> 存放处设计图.

当①压力传感器受到压力,⑥传送带自动旋转,⑤防滑条防滑,④扫描器扫描壶侧条码,③自动抓手抓住壶身,从挡板①左侧出壶进入挡板⑧右侧。

- 挡板①
- 移动凹槽②
- 自动抓手③
- 扫描条码器④
- 防滑条⑤
- ⑦压力传感器
- 传送带⑥

<2> 打水处设计图.

壶子从挡板①左侧进入挡板⑧,壶子放壶并通过移动凹槽⑩返回,传送带将壶运送到指定位置开始打水。之后原路返回。

- 热水水龙头⑨
- 挡板⑧
- 移动凹槽⑩
- 防滑条⑪
- 传送带⑫

<3> 整件图.

- 打水处
- 存放处

刘颉洛.
2016.12.

睿升学校刘颉洛同学作品——《自动打水装置》

来了便利;针对晾晒衣服占用空间过大的问题,睿升学校的洪雯、陈文同学设计了"简约树"挂衣器,简单方便的同时节省空间。在睿升学校,这样的例子还有很多,学生不仅仅学到了知识,还培养了问题意识,发现生活中的问题并加以解决,真正做到学以致用,用以促学,学用相长,知行合一。

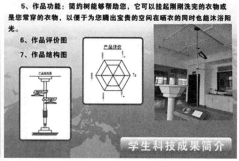

作品名称：自动升旗杆

作品设计者：吴倩、孟昭芬、余凡琦

作品介绍：

1、设计理念

一直以来，每个星期一学校都会举行升旗仪式，但总是会发生升旗与音乐播放的时间不同步。所以针对这个问题，我们组想了一个办法，打破了往常的升旗方式，使用全自动化升旗。记录下国歌的时间，在调整马达转速，使马达运行时间与歌曲时间重合，使国旗可以在国歌放完的同时到达顶端。这个设计既维护了升旗仪式的庄严性，同时也给升旗带来了极大的便利。

2、成员介绍：做事认真负责，积极主动，能吃苦耐劳，有较强的组织能力，实际动手能力和团体作精神。能迅速的适应各种环境，并融合其中，本次设计理念有他提出并带领本组创造此作品。

3、设计图形

作品名称：简约树顶天立地挂衣器设计与制作

作品设计者：洪雯，高二（4）班
陈文，高二（4）班

作品介绍：

1、组成：可伸缩式、可升降式毛杆、可旋转式挂衣架、多功能叉杆

2、提出问题：如何创作简洁方便以及节省空间的挂衣架

3、解决问题：将原有的"横挂式"的挂衣理念转变为"纵挂式"

4、作品说明及功能：本作品本着"简约生活，节省空间"的制作理念为基础，设计了一个集挂衣、节省空间为一体的易存放且易组装的挂衣架

5、作品功能：简约树能够帮助您，它可以挂起刚刚洗完的衣物或是您常穿的衣物，以便于为您腾出宝贵的空间在晒衣的同时也能沐浴阳光。

6、作品评价图

7、作品结构图

睿升学校学生设计的自动升旗杆与"简约树"挂衣器

统而言之，睿升的学习教学实践为学生更高层次的科技探索创新铺设道路，为适应和改造社会生活做好准备。正是由于睿升学校赋予学习教学实践如此重大的意义，学习教学实践活动才成为睿升最主要、最关键、最迅速的高中育人实践活动。

课堂教学与实践活动的关系

在高中阶段，课堂教学无疑是高中生接受学习知识最主要的场所，也是实现素质教育最主要的渠道。但随着素质教育理论不断涌现，学校教师和学生家长都意识到实践活动在培养学生能力层面发挥着无可替代的作用。国家政策也在不断提倡设计各种课外实践活动，拓宽学生学习空间，综合建构知识体系，切实发挥实践作用。那么新的问题产生了：课堂教学与实践活动两者之间的关系是什么？两者是否完全不相干？

武汉睿升学校基于实践活动的定义，从"学生自主参加的，发现问题并解决问题的活动都是实践活动"这一观点出发，提出一个创造性的看法：课堂教学是一种独特的实践活动，睿升学校的学生在课堂上从始至终都在不停地思考问题，从预习结果和现象观察出发，提出问题，教师引导，学生思考，教师点拨，最后学生自行构建知识体系，完成整堂课的学习和领悟。以上提及的课堂教学整个过程可应用于睿升各个学科的教学，也是睿升课堂教学的一大核心。睿升这种将课堂教学视为特殊的实践活动的观念使得睿升学校的课堂教学模式有别于其他学校，更加强调学生学习的自主性。

在传统意义上，课堂教学与实践活动二者虽不是完全不相干，但还是存在着较大差异。相关研究指出综合实践活动无论是与学科课程，还是与校本课程，都不是等同的关系。现阶段已有文献尝试将二者相互整合并应用于个别学科的教学中，提出了课堂教学新模式，作出了非常重要的尝试。这也为睿升课堂教学实践观点的提出提供了支撑。

一、睿升课堂教学是一种独特的实践活动

在武汉睿升学校的教学思想与理念中，课堂教学就是作为一种独特的实践活动存在。睿升学校的老师在课堂上不仅要发展学生科学解决问题的能力，同时也要帮助学生构建知识体系的结构，做到"问题与问题解决与知识构建相结合"这一教学目标。需要注意的是睿升提出的整个过程是相互递进、互为影响的，如果学生能够运用所学知识科学地解决问题，那么学生的脑海之中就会自然而然地形成知识的框架结构，最终所有的知识框架相互聚合交联，构成专属于每个学生自己的知识体系。这也就达成了知识从老师传递给学生的

目标，同时学生的能力也会相应提高改善。

为何武汉睿升学校会提出这样的观点？这并不是凭空捏造，而是联系实际情况提出的。传统的教育理念大多只强调知识的构建，而没有具体回答在知识构建之时，能力是如何出现和培养的这一问题。睿升学校认为只有相应的能力形成，学生才可能会有长久的、不间断的、可持续的发展，知识体系才可以进一步地扩充和完善。不管是在高中三年的学习过程中，还是高考毕业之后的时间里，在睿升培养的能力可以帮助学生建立更复杂、更丰富、更多元的知识体系，也有利于未来的学习、工作和生活。简而言之，人的成长是一个可持续的发展过程，如果没有能力，学生在高中就只是学了很多课本知识而已。学了这么多的知识代表学生掌握了这么多的知识，高考后可以拿到高中毕业证。但是能力没有形成，在未来的学习和工作过程中，学生就只能抱着这一部分的知识来适应社会，一般不会有进一步的发展。所以睿升学校认为将学生能力培养好之后，就能构建形成知识体系，而知识体系的形成又能反作用于学生的能力，促进能力的发展。

睿升课堂教学实践的关键就在于落实"问题与问题解决与知识构建相结合"这一目标。因此需对这一目标的每个组成进行细致理解。

"问题与问题解决"是知识构建的手段和过程。而"问题与问题解决"前面那个"问题"，含义是提出问题、展示问题，引起学生的思考。人类的生活总是充满了各种问题。杜威曾说过："问题存在于人们遇到困难的时候。"鲍波尔有一句名言："正是问题激发我们去学习，去实践，去观察。"也有学者曾说："问题就是个体想做某件事，但是还不能立刻知道做这件事所需要采取的行动。"①这些名言都点明了问题的重要性。一般而言，课堂上教师提出的问题可大可小，可以简单也可以复杂，可能描述清晰也可能描述模糊。睿升学校的老师围绕问题进行课前准备和设计，将问题在课堂教学的开始就给出。例如，在物理学科的"流动定律"课堂教学当中，教师若是以牛顿定律为导入，就会举出运动学和力学之间存在关系的实际例子，如游乐园里的跳楼机等学生常见的东西，引出问题。再例如，在物理课堂的开始教师做一个让学生震撼的小实验，从而引出问题，进而开始知识的传授。比如在讲冲量的时候，老师可以在课堂一开始给学生展示"用手去劈一块砖"，然后让学生去体会由这个现象引发一个物理的知识性的问题，进而带着问题进入课堂。

而问题解决就是学生思考以及教师牵引的过程。通过这种头脑中不同思想的碰撞，教师再传授相关知识，帮助学生构建知识框架，寻找科学解决问题的方法。认知心理学认为问题解决式教学对问题空间的搜索过程，是一个多阶段的过程。一般而言，问题解决起始

---

① Newll, A., Simon, H. A.. Human Problem Solving [J]. Educational Technology：Reasearch and Development, 2000, 48(04)：63-85.

于一个问题的表述或者是已知初始情境，从初始状态到目标状态的过程中，人们寻找到的路径就是问题解决。① 通常情况下，问题解决需要经历四个步骤，发现问题、提出问题、分析问题和最后的解决问题。武汉睿升学校的教师围绕着某个问题的提出和解决开展课堂教学，使得知识的构建过程在学生脑海中逐步呈现，包括公式的推导、现象的论证、结果的计算以及其他方面就能顺其自然得到。可以说，睿升学校教授给学生的所有内容都是学生从自身的深入思考中得到的，而不是仅由教师单方面传授学生听讲得到的。

而对于知识构建的含义，从字面上看，包含两个方面，分别是"知识"和"构建"。知识理解起来非常简单，是人对事物属性与联系的能动反映，通过人与客观事物的相互作用而形成，学生每天都在学习新知识；而构建是一个建筑学词语，原指建筑起一种构造。而在睿升的观点当中，知识的获得可以说是一个建构的过程，通过新信息与原有的知识经验之间双向的反复作用完成。因此，可以运用比喻的手法，将学习者比作个人"知识大厦"的总设计师和建设者，在与外界的接触和交流过程中，将获得的知识自行设计与组合，合理填充进个人知识大厦体系结构之中，整个过程就是知识建构过程。若是学生头脑中的知识是杂乱无章的，那么学生在提取时也会耗费大量时间和精力。在新课改的背景下，学校教师不再是单纯地进行知识结论的强制灌输，而是更希望自己的学生能根据讲解自行梳理知识脉络，自行归纳总结，真正做到让知识融会贯通，而不是成为脑海中"短时记忆"的一部分。由此可以看出，学生知识的构建离不开自主学习能力的培养，而这又与睿升"培养什么人"这一问题的答案相挂钩。

总而言之，教师仅仅是学习过程的引导者和知识的传授者，学习者是个人学习过程的主导者。以"问题与问题解决与知识构建相结合"为教学目标，以培养学生的自主学习能力为发展目标，教师围绕目标改进教学模式，这就是睿升独特的教学课堂，也是"实践育人"理念的体现。

二、传统意义上对二者关系的理解

睿升对课堂教学实践的观点不是空穴来风，而是阅读大量文献研究，并结合学校实际情况，经过长时间的摸索查究得出的。为理解课堂教学与实践活动的关系，睿升首先从综合实践活动的定义与意义出发查阅政策文件。《综合实践活动指导纲要》中指出，开展综合实践活动课程时基于学生的直接经验，密切联系学生自身生活和社会生活，注重对知识技能的综合运用，体现经验和生活对学生发展价值的实践性课程。换句话说，在课程的层面

---

① 姜宛彤. 以问题解决为导向的微课程设计与组织研究[D]. 沈阳：东北师范大学，2017.

上，综合实践活动课程超越了严密的知识体系与技能体系的学科界限，在一定程度上弥补了学科课程的不足，与学科课程并行，注重学生的多元化实践性学习方式，共同构成了基础教育的课程体系。① 这种超越学科界限、注重学生多元实践的想法就是睿升观点提出的初衷。

但是睿升同样注意到，由于综合实践课程的开发与实施存在一定的复杂性，考虑的因素较多，并且理论与实践层面的研究较少较为单薄，所以需要理清综合实践活动课程与学科课程、综合实践活动课程与校本课程的区别。睿升内部借助期刊文献就此展开了探讨和斟酌，得出以下两点不同：

一方面，要综合实践活动课程与学科课程是两种完全不同的课程形态，两者的目的并不完全相同。学科课程通常是强调学科的内在知识体系和逻辑结构，具有很强的严密性和闭合性，主要的目的是让学生获得系统、全面的学科基础知识和基本技能。而综合实践活动课程多是跨学科、跨领域，以主题和专题形式引导学生，以解决实际问题为目的，不受学科知识框架的约束，具有较高的开放性和实践性。

另一方面，学校在设计综合实践活动课程时主要依靠国家指导纲要，根据实际情况进行开发，虽然具备与校本课程相似的性质，但并不属于校本课程，两者之间有一定的区别。例如综合实践活动课程是国家规定的必修课程，并且有规定的课时数目，但校本课程是由学校自主决定是否必修以及课时安排；综合实践活动课程在一定程度上会给予学生自主性和选择权，教师在旁给予指导，而校本课程多是学校决定内容②。正是因为实践活动与学科课程、校本课程的差异，使得课堂教学与实践活动整合较为困难。

现阶段，睿升发现国内已有一部分教师在课堂教学之中尝试融合综合实践活动，从而在课堂上培养学生的实践能力，全面提升学生素养。例如，在语文学科的课堂教学之中，创设教学情境，利用多媒体的声音和动画进行展示，增强感染力；适时开展学生之间的朗诵、演讲、手抄报比赛，发挥学生的个性特长，巩固教学效果；鼓励学生自编课本剧或者情景剧，增强学生的学习兴趣，帮助学生记忆；鼓励学生根据课文内容对实际生活中的问题如垃圾治理搜集相关资料，进行深入调查，提出解决建议；定期开设阅读写作课以及交流体会课，形成具有阅读特色的综合实践活动。而在高中生物课堂上，教师可针对有争议性的知识或是习题展开课堂争论，学生以小组为单位进行回答；教师还可设置一系列问题，进行探究活动，调动学生的思维；另外，根据生物学科的特点。在学校允许的条件下

---

① 成瑶，王玲玲. 综合实践活动课程的涵义、实质与价值澄清[J]. 现代教育科学，2011(06)：142-143，52.

② 王生菊. 略叙小学语文课堂教学与综合实践活动的整合[J]. 科学咨询(教育科研)，2020(04)：135-136.

建立温室种植区，让学生自己体会植树种花的辛劳，运用生物知识进行培育，亲眼见证植物生长、开花、结果的过程；还可针对当地的珍稀动植物或是化石开展调查，并结合所学内容给出恰当的解释，重视学生的实践体验①。此外，还有学者将实践活动渗入地理学科的教学，设计了一系列的实践活动，如地图绘制、地貌摄影、地理调查、地理观测、野外实习②、模拟游戏、手工制作地理模型③等，这些活动有的可以在课堂上进行，有的可以在课堂上展示，有的还可以作为教学内容的验证。除去以上提及的学科，其他学科也有相应的研究存在。这些课堂教学与实践活动相互融合的实例从侧面为睿升人提出课堂教学实践观点提供了例证依据。

概而言之，在传统的看法中，课堂教学与实践活动并不等同，将二者整合在一起探索教学新模式的研究的数目还较少，不过从文献的叙述上已有不少教师进行了尝试并取得了一定的满意结果。而正是发现了这些融合探索的结果，睿升才能做出尝试和实践，最终提出课堂教学实践这一创新性的观点。

---

① 王娟. 浅谈高中生物课堂教学与综合实践活动课的整合[J]. 科学咨询（教育科研），2021（01）：223-224.

② 付贵云. 实践活动渗入高中地理课堂教学的研究[D]. 上海：上海师范大学，2009.

③ 杜永凤. 初中地理课堂实践活动教学设计研究[D]. 乌鲁木齐：新疆师范大学，2018.

知识构建与问题解决的 DNA 铰链是高中生自主学习能力培养的最底层逻辑

　　知识构建与问题解决是睿升高中教育中人才培养的两个关键步骤，两者密不可分。当前，国内外针对知识与问题解决能力的关系认识研究的数目较多，观点各有不同。而武汉睿升学校在教学实践中不断探索分析，发现只有将学生的学习与实践紧密结合，构建问题解决和知识构建为主链的"学生能力 DNA 模型"，以问题解决、科学探究、动手操作等新的教育形式为依托，开设综合性、探究性课程，让学生在动手操作、科学探究中经历发现问题、提出问题、分析问题和解决问题的过程，提升创新思维能力和自我教育能力，才能真正解决学生学习素养发展与教育功利性目的两者之间的矛盾，成为睿升学生自主学习能力培养的最底层逻辑。

　　知识构建是问题解决形成的重要部分，知识只有"活学活动"才能够真正发生迁移，不断形成新的知识，生成新的能力。此外，学生最基本的能力是思考的能力，学校需要让学生做到"愿思考""会思考"和"能思考"，才能让知识在学生头脑中升华，最终落脚于实践。另外，通过对知识构建与问题解决能力关系的再认识，有助于探索培养学生自主学习能力的有效途径，激励睿升学校教师在进行教学设计时从现实生活中可能存在的学科问题引入，用问题引发学生的好奇心、求知欲和学习兴趣，给学生提供思考的余地和自学的空间。

　　睿升学校认为在高中教育阶段，学生最基本的能力就是他能够且愿意深入思考，进而解决问题的能力。具体来说，就是学生在知识学习和积累的基础上，真正形成对生活情境的理解和掌握。如果教师所教的知识是学生死记硬背进而才能掌握的，那么这些知识就不是睿升倡导的"活的知识"。而知识如果不能真正做到"活学活用"，解决实际问题，那么就难以扩展成新的知识。认知心理学中所讲的"知识形成是一种认知图式的发展"正是这个意思。[①] 没有"活的知识"，就难以有知识的拓展和生成，也就没有新知识学习时所产生的同化或顺应的过程。而没有同化顺应，就无法举一反三，无法实现"迁移"。这样的知识学

---

　　① 冯克诚. 认知结构思想与发生认识论原理[M]. 北京：中国环境科学出版社，2006.

习和教学就毫无意义。

一、能力的 DNA 模型——知识建构与问题解决

面对以上情况，我们不禁发问：教育者应当教授学生什么东西？是"1+1＝2"这样的确定性知识？是"三短一长选最长，三长一短选最短"这样方便的解题技巧？是需要学生熟练背诵和掌握的机械记忆？还是让学生终身发展的潜力和自我学习的能力？毫无疑问，学校需要教给学生的最根本的东西就是自我学习能力。通过成功的学校教育，能力会根植于学生的血脉、骨髓、心脏之中，像基因一样伴随学生终生。能力不会因为所学知识的遗忘而丢失，也不会因为周围情境的改变而过时，而是会促使学生不断地自我更新、不断地自我质疑、不断地自我发展，不仅能使学生获得理想的成绩，还能让学生受益终生。

那么新的问题出现了：教育者应当通过怎样的方法培养学生的能力？是通过满堂灌输的单方面机械传递？还是通过疯狂练习重复刷题的题海战术？抑或是通过揠苗助长的提前学习？武汉睿升学校在多年的办学经验和实践之中不断求索，最终摸索出了以"知识建构"和"问题解决"两条腿走路的"能力 DNA 双螺旋培养模型"。

在生物学中，DNA 分子是由两条链组成的，两条链上的碱基通过氢键结合在一起，是生物体发育和正常运作必不可少的生物大分子。而与以上叙述类似，武汉睿升学校提出的学生"能力 DNA 模型"同样包含两条主链，分别是"知识建构"与"问题解决"。

知识建构包括学生知识的获得、知识的细化、知识的创新与发展等多个过程。知识建构(Knowledge Construction)的概念起源于对传统学习隐喻的批判与反思，强调建构主义的理论视角理解学习的过程。[①] 知识建构的基本假设是皮亚杰的发生认识论，即人类所获得的知识是以一定结构或图式存在的，而不是零零散散信息的积累。而关于知识建构的机制，皮亚杰提出两种类型——同化和顺应。同化是指将外界环境中的相关信息吸收到学习者已有的知识结构中，使得原有的知识结构得到加强，这属于是量的变化，体现了连续性和积累性；而顺应是指学习者无法同化外部环境的新信息，而调整或改变原有的知识结构以适应新环境与新信息，这属于质的变化，[②] 体现了知识发展的对立性与改造性。若是学生头脑中的知识是杂乱无章的，那么学生在提取时也会耗费大量时间和精力。结合以上研究结果，武汉睿升学校提出培养学生知识建构能力，教师仅仅是学习过程的引导者，学习

---

① 周佳伟. 以基于主题建模促进学生"复杂系统"的科学知识建构研究[D]. 上海：华东师范大学，2021.

② 石向实. 论发生认识论的同化和顺应概念[J]. 内蒙古社会科学(文史哲版)，1996(03)：19-23.

者是个人学习过程的主导者,让学生对自己学过的知识进行梳理和归纳总结,形成一套专属于自己的体系结构。

问题解决指的是个人从尝试到最终解决问题的全过程,这两条主链相互缠绕,互为因果,共同构成学生的能力培养模型的基本框架。为什么每次考试都会有一些题型,因为老师没有提及、讲过或是强调过,学生做题时出错率会较高呢?这是因为学生不会灵活运用,问题解决能力没有真正培养起来。高中阶段学生逻辑思维与抽象思维不断发展,遇到的题目难度远超初中,因此更需要培养学生的问题解决能力。一般而言,问题解决是指具有一定目标指向的一系列的认知操作。而武汉睿升学校通过总结前人研究,将学生的问题解决定义为学生在面临学业或者其他方面的困难或问题时,为摆脱困难而确定了目标,寻找解决问题的途径及方法,最终得到答案、完成目标的整个过程。伴随新课改的不断推进,对学生问题解决能力的要求也被纳入教学目标之中。培养学生的问题解决能力不仅是国家政策的要求,更重要的是睿升学校是立足于学生的未来进行考虑的。睿升学校希望通过教师指导、点拨和提供方向,借助课堂活动以及多种实践活动,让学生自行提出解决问题的方案,进而提升问题解决能力,在未来离开校园、步入社会之后,也能凭借这一能力不断解决人生的困难,不断取得成功。

而两条主链之间的相互连接靠的是武汉睿升学校为学生开设的五大类实践活动——依托于课堂教学的认知实践活动,依托于科技创新的科技实践活动,依托于学科学习的拓展实践活动,依托于学校管理的人际实践活动和依托于自学发展的知识实践活动。这五类实践活动分别代指不同方面,共同影响学生能力的培养过程,为学生的全面发展提供支持。

二、知识构建与问题解决首先要引导学生"愿思考"

德国剧作家布莱希特曾说过:"思考是人类最大的乐趣。"任何学习行为的首要目的,在于它将来能为我们服务。学生学习和读书是为了提升、发展以及创造,而不是死守着课本上的知识停滞不前,把知识"学死了"。过去传统的学校教育是将学生禁锢于书本知识的机械学习,学生掌握到的知识只能通过纸面的作业考试练习得到运用,但是这种"运用"其实并不是一种真正的实践。要改变这种情况,让学生深度学习、灵活运用知识,培养自身能力,首先需要教师引导学生"愿思考"。

什么是"愿思考"?顾名思义,学生愿意主动去思考知识、问题或是现象的本质,其中最重要的就是深入思考和分析问题。针对"愿思考",武汉睿升学校非常强调教师的"问题引领"能力。那么什么是问题引领?其含义就是教师将所要讲授的知识,不是直接"扔"给学生,而是营造一个合适的问题情境,让学生在解决问题的过程中接受对应的知识。这样的问题引领方式可以激发学生的学习兴趣，又能鼓励学生自主思考，更快地接受本节课的内容。例如在高一历史课堂上，老师在讲授秦朝历史时会以对秦始皇的功过评价为情境展开讲述，让学生利用唯物辩证法客观看待历史事件和历史人物，提出如下问题供学生思考：修长城到底是利是弊，还是利弊皆有？那么何时为利、何时为弊？利弊之间是否可以相互转化？我们如何权衡这些利弊？再比如，针对语文课中有一节"刘姥姥进大观园"的内容，老师可以让学生观看一小段电影片段，挖掘片段中任务的性格是怎样的？内心感受是怎样的？这一片段与社会背景之间的联系是怎样的？与前后文之间的关系又是怎样的？这些都是睿升老师的优秀做法。同时，教师应鼓励学生每堂课还要思考如下几个问题：为什么教科书要在这里讲这个知识点？这个内容讲完后为什么要这样设置例题？教科书中的例题和习题主要考察什么知识？这些知识对我的生活有什么用？这些问题既与要学的知识相关，同时又能促进学生深入思考和分析，更好地接受本节课的内容。

当然，值得注意的是这一问题情境不能是生硬乱造、不合逻辑的虚假情境。类似"一只小猴子早上吃两个粽子，中午吃四个粽子，晚上吃五个粽子，那它一天一共吃了几个粽子"这样对学生来说简单、生硬的问题情境，不仅不会引发学生的学习兴趣，甚至还可能造成反效果，让学生对新知识的学习产生抵触抗拒的心理。所以睿升学校对老师"问题引领"方面的具体要求是：将问题与问题解决与知识构建相结合，站在学生的角度设计问题情境。老师提出的问题情境，应是基于要学的学科知识生发、与学生的认知相冲突的，才能让学生自然而然地产生对学科知识的探索欲和求知欲。这也是人本主义心理学中特别强调的学生高阶心理特征——好奇心和求知欲。[①]

朱柏庐曾说："宜未雨而绸缪。"老师教学同样如此。但是学校老师做好问题引领这一课堂准备并不容易。在睿升学校推进教学改革的过程中，老师头脑中传统教学的思维惯性仍然很强大。所以睿升学校在进行课堂改革时，要求老师每堂课前需提前备课，且必须要思考怎样做才能让学生关注本堂课的知识内容，不断交流，不断改进。当然，睿升的老师们在这一方面也动了很多脑筋。通过设计不同的问题让学生体验到对问题的思考与探究是一种好奇产生，是一个满足好奇、获得成就感的过程，这种自我的体验能够引发学生对问题的深入思考，也能让学生养成发现问题、带着学科视角来看待现实生活问题的习惯。

三、知识构建与问题解决关键是提倡学生"会思考"

针对问题，学生只是愿意积极思考还不够，更需要老师引导学生"会思考"。这里"思

---

① 皮连生. 学与教的心理学(第3版)[M]. 上海：华东师范大学出版社，2003.

考能力"的第二个方面"会思考"，主要是指认知策略，也就是科学的思考方法。这些思考方法是睿升学校的老师要重点传授给学生的，也是睿升学校想要学生重点培养的能力之一。

知识传授固然很重要，但是由于社会的发展，我们的教育已经从知识教育转化为了能力教育，即"智慧教育形态"。过去的教育是以知识教育为重，这是因为传统的看法认为学生掌握的知识越多就越有利。但是，这种思考逻辑必然带来标准化、固定化的教学和考试，所以过去我们有班级授课制、标准化考试以及非常模参照性考试等。但是现在，在新课改的背景影响下，个性化、差异化已经成为了教育的需求，知识教育在学校教育中的占比会逐渐减少，而教师教学的重点也会从知识掌握转变到知识同化与拓展能力的习得上。

让学生"会思考"的关键问题在于要将课本中的基础知识与现实生活情境中的冲突紧密结合起来，并找到其中的结合点。也就是说，老师不能按照之前的工作思路来进行教学，而是要改变自己的教学习惯，走出舒适区，这是第一重困难。而第二重困难则是这种结合点很难找得巧妙，老师需要具备非常扎实的学科专业知识和丰富的日常生活经验，同时还要保持对学科知识的求知热情，这样才能在日常生活情境中发现可用的教学素材，而不是像过去一样找本参考书直接拿来使用。这两重困难对于老师来说挑战性很大，也因此要求老师备课时思考更多环节和安排：一堂课要怎样讲解？怎样布局？怎样剥茧抽丝？怎样层层推进？这些环节的设计都需要教师斟酌。睿升强调"让学生学会老师要做的事"，就是要求学生在自己的学习过程中不断反思自己使用了什么策略，为什么使用这些策略，怎样改进学习策略等问题，但是这些问题还需要老师引导学生去思考。

综合来看，睿升的老师以生活情境中的学科问题来驱动学生活跃思维、解决问题，但这并非是睿升教学的最终目的，而是一个"落脚点"。睿升教学最终的目的在于让学生养成自己发现问题、提出问题、分析问题和解决问题的习惯。这种习惯才是促进一个人形成终身学习能力的基本要素。

睿升学校所强调的"发现的问题"并不是"漫无目的"没有实际意义的问题，而是基于学科知识和学科视角的现实生活情境——这意味着睿升学校毕业的学生在看待大千世界之时能够更加系统化、理性化，而不是完全地依靠感性和直觉。杜威曾说过，教育之所以能够改变人，原因就在于"学校是儿童社会化"。① 这里的"社会化"不仅是指让学生学会与人相处的社会交往方法，更重要的是，将学生从一张白纸发展为具有科学精神的人。这也是当前睿升核心素养教育目标中所特别强调的理性精神，与"会思考"紧密联系。

科学精神是指在面对世界和思考世界的时候有着科学的眼光和思维模式。为了便于理

---

① 涂诗万. 杜威教育思想的形成[M]. 杭州：浙江教育出版社，2014.

解举例说明，具有科学精神的学生看到水烧开了这样的现象，就主动思考：如果是物理老师会提出怎样的问题，如果是化学老师会提出怎样的问题。也就是说，学生会从一个学科的角度来思考生活中的现象。这种思考方式与历史上牛顿被落下的苹果砸到头，进而想到"苹果为什么向下掉，而不是往天上去"这一问题相似，都是充满了理性和质疑精神。如果整个社会对学生的教育，都是力求让学生从看到什么现象就要想到什么问题这一方面入手，那么我们国家整个社会的进步速度就会加快，人才培养速度相应提升。

在中学教育中，学生碰到了问题如果只是会解题，那么这种学生只是"考试的机器"。但是若是学生拿到了问题不仅能够解答，还可以想象这个问题中有哪些是条件、哪些是应用、用了什么定理、用了什么知识点、如果条件更换一下会不会有不同、如果条件缺一个或者增加一个又该如何求解等问题，那么这些问题就体现了学生的求异思维和变换思维。如果学生能够这样思考，那么学生就可以称得上是"会思考"了。这就是睿升学校的教学想要达到的目的之一。日后学生步入社会，碰到问题都会有意识地深入思考，那么我们的高中教育就不仅仅是对高考这一考试有用，而且对学生这个人的终身发展有用，对社会整体进步也有用了。

当然，这种"会思考"的能力在人文社会学科中也同样适用，而且表现得更加明显。例如，在历史教学中，不仅要学习历史史实，还要学习历史解释和评价。但是这些历史解释和评价只是背下来就可以了吗？教材中我们学习和评价了秦始皇，那么其他历史人物例如汉武帝、唐高宗、宋太祖等皇帝应该从哪些方面如何评价呢？这就涉及历史思维的培养问题。思维的培养本质上就是对思考能力的培养。范文澜先生在《中国通史简编》中特别提到，所谓历史思维就是利用史实证据辨别历史真相的能力，利用唯物辩证法客观看待历史事件和历史人物的能力。[①]

这种思考方式就是辩证的思考方式，全面、客观并且具有超越历史局限的历时性特点。具有这种思考习惯的学生，他在走出学校走向社会后就不容易被一些蛊惑性的语言所蒙蔽，因为他有独立思考的习惯和质疑精神。这也是我们核心素养中要求的批判精神和信息使用能力，是"会思考"的一大延伸。

四、知识构建与问题解决实质是学生面对问题"能思考"

最后，所有关于知识与能力的关系论证都是为了让学生面对问题时能做到独立解决，而不是一味地依赖他人的帮助。这也就是培养学生思考能力的最后一个方面，也是实质所

---

① 范文澜. 中国通史简编[M]. 北京：生活·读书·新知三联书店，2014.

在——"能思考"。

相较于前面的"愿思考"和"会思考"，能思考对学生的要求更高也更加深入。一方面，学生应具备进行思维加工的基础性知识，即有一定的知识基础，做到积极主动思考的同时能将自己的思维不局限于方寸之地，向外发散；另一方面，学生也应具备持续发展、终身发展的高尚人格品质，如面对艰难险阻不放弃的坚持、面对诱惑克制自己的自控力、面对失败坚忍不拔的意志力，等等。总而言之，"能思考"对学生的要求是全方面的，不仅涉及知识层面，更与学生的身心状况紧密相关。

学生从最初的学习知识，到后来为了思考得更深入而追逐知识，这的确是整个学习方式都发生了改变。学生为深入思考而去追逐获得的知识和老师单方面强硬的灌输知识，这其中的差别想必读者都可以想象得到。这也正是目前"翻转课堂"这种新的教学模式所倡导的目标。睿升学校在课程设置和问题设置的时候尝试了很多与社会生活密切相关的问题。例如通过介绍房贷利率的计算办法，教师结合目前国家新的购房政策和限购政策，让学生深刻理解社会经济运行规律和政府对经济进行调节的政策工具，这就将数学学习和高中政治课学习结合起来了，同时也与大家的生活紧密相关。再例如教师在英语教学、语文教学的时候，会在每天早上设置一个"新闻三分钟"时间，要求学生针对自己学习的章节以及当天的新闻报道来发表自己的观点。这个演讲并不是漫无目的的，而是要针对接下来要学的知识，例如语文课、英语课中讲到的内容，或者新闻报告的社会热点事件，这些都能促使学生养成主动关注社会发展，精准识别社会现象的背后本质，促进他们剖析社会运行，进而表达自己的观点的习惯。通过推进"以讲促学"的学习方式变革，睿升学校的历史、语文、英语等学科都有所发展。大多数学校都会针对翻转课堂提出相应举措，只是睿升学校的做法规避了翻转课堂对学生学习主动性的高度依赖，而是将之与学生的思考能力培养结合起来了。

正如《论语》中所说的那样："学而不思则罔，思而不学则殆。"思考对于学生而言至关重要。学生具备了思考的知识、具备了思考的习惯、具备了思考的策略，但是还有问题制约他们思考——是否有足够的思考空间，以及是否有足够的思考毅力。

睿升学校提出在课堂上，学生和教师都是主体，我们既不能完全将学生的思维禁锢起来，要求学生按照教师的思路一步一步来而没有自己的思考，也不能将学生放任自流，任由他们探索，不加管束。教师要在教学中适度留白，给学生思考的空间，自学的空间，这也是睿升学校在教学环节改进之中特别强调的"碰碰题""自学小组"和"自学课"设置的由来。目前睿升学校的课堂是从碰碰题出发，先让学生自学预习，在上课时提出预习中新生成的问题，通过问题判断学生自学的效果和深度，这种思维训练方式的最终指向就是学生思维能力的提升。同时，学习是一件很辛苦的事情，不仅有体力的消耗，还有意志力的消耗。我们在日常教学中就特别注意训练学生自控能力、意志力和抗挫能力，例如通过学科德育渗透的方式、学生自主管理、教师与学生谈话、选举模范榜样学生，等等。学习不是一帆风顺的，如果面临困境，学生能不能自我调节？还是轻易放弃？这些问题都需要在日常教学中进行注意和训练。

三步翻转六步教学方法是落实学习教学
为主的最基本方法

基于"实践育人"理念，睿升学校提出了三步翻转六步教学的教学模式，简称"3+6"教学模式。具体来说就是睿升的一堂课可以分为课前、课中、课后三个阶段，每个阶段又分别包含两个环节，共计六个环节。这六个环节分别是自主预习、生成反馈、师生互动、知识运用、自主训练和矫正反思。学生每堂课都会经历这些阶段与环节，在自学、听课、练习的过程中构建知识体系，培养自主学习能力。三步翻转六步教学方法是睿升落实学习教学实践最主要、最基本的方法。

针对学习的主体——学生而言，在课堂上需要经历三轮思维驱动的过程：第一轮利用"碰碰题"梳理课程内容进行预习自习，学生的思维经历"提出问题"这一过程；第二轮在已有知识的基础上找出知识的拓展变式并理解掌握，学生的思维经历"分析问题"这一过程；第三轮是在新的现实情境中熟悉并运用知识，学生思维经历"解决问题"这一过程。这种针对学生的"轮动式思维训练"的教学任务是进阶式的，而不是"一插到底"，也不是"搞平均主义"。而是让学生在教学过程中感受到由任务和问题驱动的思维轮动式发展，不断思考向前。每一次新的发展都是在前一次发展结果达成和巩固的基础上实现的。睿升学校的教学不是简单的知识灌输与识记，而是指向学生思维能力、自主学习能力的提升。

另外，"碰碰题"的质量是三步翻转六步教学模式能够取得理想效果的关键所在。教师准备的碰碰题质量越好，越容易激发学生的学习兴趣，激起学生的深入思考与讨论，有时还可引出学生知识的矛盾所在，有益于学生新知识框架的构建。

一、三步翻转六步教学模式的提出与定义

睿升学校在 2021 届高考学生入学之初，就确定了要将李水生校长的"碰碰题自习导学模式"理念真正落实到每个学科的课堂教学之中。最初睿升老师无法确定这样的改变是否会对学生的学习产生积极影响，但经过两年实践结果和学生高考成绩的验证，证明睿升这种教学模式的改变是成功的。

在 2018 届学生入学之时，李水生校长就提出要借助思维活动的实践育人方式，让学生们的思想搅动起来，通过课前预先布置的"碰碰题"来引导学生自行预习思考。然而，虽然当时提出了这样的想法，但是具体应该从何下手、怎样开展，睿升学校的老师们基本上没有想清楚，只是一边摸索一边实践，企图找到最佳思路。当时睿升学校教师最大的工作就是建立一个完整的流程框架。现在回想起来，老师们眼中的李水生校长就像是互联网公司的客户，向公司提出需求；而睿升学校的班主任和科任老师就是产品经理，主要负责将客户想要的东西做出来，让想法真正生根、发芽、落地。

最终，睿升的教师通过不断探索和商讨，确定了睿升特有的教学模式。具体来说，该模式主要从两个方面将实践育人理念落到实处：第一，提出"三步翻转六步教学模式"。将一堂课划分为课前、课中、课后三个大阶段，每个阶段又分别包含两个小环节，共计六个环节，分别是自主预习、生成反馈、师生互动、知识运用、自主训练和矫正反思，确定了完整的睿升课堂流程结构。第二，睿升学校教师在课堂上使用了全新的"轮动式思维训练"教学方法，打破原有课堂教学普遍采用的导入、讲授、拓展、练习和小结的五步教学流程设计，注重不停地激发学生的思维方式，带着问题思考。

睿升三步翻转六步教学模式构成表

课　　前		课　　中		课　　后	
自主预习	生成反馈	师生互动	知识运用	自主训练	矫正反思
带着问题进课堂，展示生成问题，教师点拨，引导学生尝试解决，生发新的问题					

这个教学模式最大的特点就是要让学生先进行自主学习，在头脑中生成问题，带着问题进入课堂听讲，而不是头脑里一片空白，等着老师上课时"一口一口喂饭吃"。在这种教学模式的指导下，睿升的课堂教学流程就与传统的教学方式有所区别。睿升将之概括为"轮动式思维训练教学"。"轮动式"是指教学任务不是"一讲到底"的，也不是"搞平均主义"，而是"步步进阶"的，是让学生在教学中感受到由目标任务和问题驱动。学生的每一次发展都是在前一次发展结果达成和巩固的基础上实现的。而"思维训练"指的是教师的教学不是指向简单的知识识记，而是指向学生各方面思维能力的提升。

具体深入课堂教学的每个环节，睿升学校的做法与传统有所区别。现在在一节课的开始，班长喊"起立"敬礼之后，老师不再按照过去传统课堂的导入讲授等步骤，而是直接就让学生根据提前布置预习解决的"碰碰题"讲出预习中新生成的问题。学生经过自学、自思后提出一些新的问题，老师则可以通过这些问题的情况判断学生导学自习的效果和深度，同时预估他们思维理解的难点和堵点。之后，老师直接针对学生提出的问题进行点拨引导。这就是"第一轮任务驱动"的详细内容。这一轮的任务是利用"碰碰题"整体梳理课程内容，然后提出有价值的问题。在这一轮任务当中，学生的思维经历的是"提出问题"的过程。

紧接着睿升的老师立刻鼓励学生尝试解决问题。具体来讲，老师马上呈现一套题目，让学生试着运用预习和听讲学到的知识解决这些问题。当然，这些题目都是经过老师提前精心设计和挑选的，甚至会根据学生的自学情况进行变更。学生要当堂解决这些问题。但需要注意的是，这些问题的解决并不是睿升的最终目的，真正的目的是要让他们在解决这些练习的过程中深入拓展思考，进而产生新的问题。而这些问题就会成为老师下一步教学的线索。如果说睿升课堂的延伸和拓展体现在何处，那毫无疑问，老师主要是从这个环节找到了切入口。这一轮是睿升学校的"第二轮任务驱动"，这一轮的任务是在已有知识的基础上，找出知识的拓展变式，提出分析问题的思路和方法。在这一轮任务中，学生的思维经历的是"分析问题"的过程。

最后，课堂上第三大块就是学生的自主练习，这也是睿升学生经历的"第三轮任务驱动"。这一轮的任务是在新的情境中运用知识，掌握知识。学生通过讲解的知识或真实的习题练习进行深度思维训练，可以小组之间相互交流讨论，找出知识漏洞盲区，不断矫正反思归纳，从而合作构建清晰的知识框架体系，实现知识构建的目标。在这一轮任务过程中，学生的思维经历的是"解决问题"的过程。

二、三步翻转六步教学模式的实施关键

"三步翻转六步教学模式"的实施关键在于碰碰题的质量与小组管理制度两方面。从老师们备课的角度来说，老师备课是备学生、备教材，而不是备教材中固定的知识点。好的碰碰题就应该是针对学生实际情况的题目，而不是老师们东拼西凑、找到几个与知识点相关的题目就组织出来让学生们完成了事的。高质量的碰碰题能激发学生的学习兴趣。而小组管理制度则是促使学生合作解决难题的有效方式，也能提高学生的管理能力。为了更方便地叙述，以下借助两位睿升老师的教学经历帮助读者理解。

首先是睿升一位化学老师兼班主任朱丛星老师，他所带班级的化学课堂教学一直坚持使用"三步翻转六步教学模式"的碰碰题自习导学，同时将班内的学生每六人分成一组，每名同学负责组内某个学科的学习，通过自习小组方式对学生进行分学科管理。经过实践，朱老师发现但凡是能够把"碰碰题"设计好的老师，他所负责的学生的学习就自然而然发生了，成绩也自然而然上升了。反之，凡是课堂效果不佳的老师，如果找问题，基本都是处

在碰碰题没有组织好这一环节。另外，学习小组也是组织学生学习的一种有效方式，每个同学在小组中担任某一学科的组长，每次在进行某一学科的"碰碰题"预习时，就由每一组负责该科的学习小组长组织大家预习、讨论、思考和提出问题，并且由组长牵头将组内所有组员提出的问题提前汇总到科任老师手中。这样一来，小组里的每一个同学都可以得到锻炼，班级中的每一个科目都能够得到真正的落实。而班主任只需要监督学生来切实落实这个过程。从学习效果来说，经过一段时间后朱老师班的学习成绩得到了一定的提升，这也印证了睿升学校三步翻转六步教学模式确实对学生有所帮助。

其次是睿升一位英语老师谢素文老师，她在进行英语教学时注重使用碰碰题激发学生的探知欲，培养英语语感和语言模式。在每堂课前谢老师都会先让学生背诵一条英文谚语，然后再起立问好，而且谚语不仅与教材每一单元的话题有关，而且大半与勇气、志向、责任、友谊、健康、诚实等考试作文常见的主题相关。通过朗朗上口、富有哲理和内涵的谚语，让学生不断积累，吸纳精髓，激发学生兴趣，对学生的听、说、读、写、看等都有提升。此外，谢老师布置的碰碰题大多是具有一定的思辨性和开放性，如你是否同意"太空探索就是浪费金钱和资源"这一观点等题目，培养学生的综合能力和科技素养。同时谢老师也鼓励小组内大家用英语各抒己见，甚至小组之间就某一话题进行辩论，从而促进学生的英语学习，用英语理解英语。谢老师班上不少学生的英语高考成绩在 130 分、140 分以上，这同样证明了该教学模式的正确性。

在睿升学校采取这种教学模式的老师还有很多。通过不同学科的教学实践和改进，睿升教师发现虽然各个学科开始实施的时间点不同，但是这一教学模式能广泛应用到所有学科的教学当中。而问题解决的关键就是要抓住课前设计的"碰碰题"和小组管理制度。睿升认为从碰碰题的质量上就可以"管中窥豹，可见一斑"，得出某个老师所有教学设计的质量。需要注意，碰碰题质量的高低并不取决于数量的多少，一般而言 3—5 个题目就足够学生思考。但是所有的碰碰题都需是相互关联、环环相扣。如果"碰碰题"设计得很精妙，教师就能够将课标要求、高考要求都涵盖到位，学生用"碰碰题"来预习就会事半功倍。

三、高质量碰碰题的特征及要求

教师们教学设计的功夫要用在课前，碰碰题很关键。那么新的问题随之产生：什么样的碰碰题才是高质量的碰碰题？睿升学校经过两年多的研究、实践与改进，提出好的碰碰题至少应该具备四方面的特征。

第一，好的碰碰题必须是落在最近发展区之内的。

维果斯基的"最近发展区理论"认为教学应着眼于学生现有水平与可能发展水平潜能之

间的差异，为学生提供带有一定难度的内容，调动学生的积极性，发挥潜能，进而超越其最近发展区达到下一发展阶段水平。睿升的教学不是照本宣科，而是因材施教。为什么要因材施教？可以通过打个比方来解释，篮球场上传球该怎样让别人接球接得舒服？正确的方法不是你站在那里不动，我把球传给你，而是我把球往前传一点，你稍微往前跑两步接球才最舒服。睿升学校的教学同样如此，需要给学生一些思考的空间和余地，布置一些"提前量"供学生思考。若是碰碰题太简单了，学生会产生"这不用学，一看都会""老师这个题目是在侮辱我的智商""这种题目是浪费我的时间"类似的想法。但是若是碰碰题出得太难了，学生会感受到挫败感，进而产生"反正也学不会，不学了""我好笨，不配学习"之类的想法，这又会浪费教学机会。所以，好的碰碰题一定是落在最近发展区之内的，要稍微高于学生现有认知水平和预习结果，但是能通过深入思考解决的。这就是碰碰题最基本的要求。

第二，好的碰碰题应该是统领牵引全课内容的。

碰碰题所涵盖的知识内容不能是漫无边际的，而是应该对应于教材和教学。碰碰题的数目不应过多，3—5个为宜。但是题目应该分别对应教材的不同部分，同时还要有不同的知识深度，由浅入深。碰碰题应该涵盖全部教学内容，因为它不仅是学生课前预习的主要线索，同时在之后复习和梳理知识框架时，也能成为知识结构的线索。因此对老师的备课提出很高的要求。老师必须要事先详细阅读教材、揣摩教材与课标之间的联系，思考如何在有限的题目容量中囊括知识点和知识深度。这需要老师花费大量的精力和时间。

第三，好的碰碰题不是陈述性知识背诵，而是要融入学习探究。

有的老师在设计碰碰题之前特意查阅学习了好几种类似的教学模式，如导学案模式、杜郎口模式，等等。但是个别老师的脑海中还存在一个典型的问题：碰碰题的内容到底应该进行到什么层次？根据课程标准的要求，学科的核心素养在学业水平质量测试之中存在水平划分。如果睿升的碰碰题不对这个学业水平层次加以考虑，那么对于我们高中教学来说，就很容易导致低难度重复，主要着眼于陈述性知识的检测。所以睿升老师提出，碰碰题一定是要有学习探究和思维实践深度，而不能只是一个预习题目的汇编，老师要融入学习探究项目，让学生的思维活跃起来。

第四，好的碰碰题应该是阶梯形的，层层深入。

碰碰题要为学生"铺设台阶"，由浅入深。课堂上的某个分知识点里应该会包括一到两个分解性的问题，如何将知识一步一步地讲深、讲透、讲宽，如何进行衔接、转化、拔高值得老师探索。学生在课堂学习的过程中，思维也在不断深化和复杂化。在第一步台阶上，学生通过自学、翻阅教材或者翻一点教辅资料就能解决简单的碰碰题问题。而在第二步台阶上，学生就需要调动思维，深入思考本质，甚至动手计算、操作实践一下得出结果和结论。再深入一点，当进入第三步台阶时，学生需要联系实际生产生活情境，解决实际问题，甚至比较新旧知识的区别和联系。

当然，碰碰题对老师也提出了极高的要求。首先，老师需要把握知识的本质，知道知识的产生过程。比如在向学生教授一个知识点时，它的本质、来龙去脉、历史演变、内在价值等都要有一定的理解；其次，针对一个知识点，老师要思考，在教材的习题里这一知识会以什么呈现形式，在考试中又会怎样呈现，从而设计碰碰题；最后，也是最重要的一点，老师要结合实际情况，思考在现实生产生活中，它会有一些什么样的变化，会与哪些情境有结合的可能，从而进行创新。

国内外特色教育实践典型

一、国外典型

从 20 世纪末至今，科技进步和社会需求变化正不断地推动全球的教育改革前进，探索和创新层出不穷，教育思想及相关理论也空前活跃。培养学生自主学习能力为主的教育改革，主要对学校自主权、特色课程、科技助力教育等方面进行深入探索，其中英国、美国相继建立特色学校、新加坡推行"混合教育"、翻转课堂、斯坦福在线高中等，纷纷做出了较为突出的尝试，下面一一介绍。

1. 英国的特色学校

在英国的教育传统中，精英主义教育氛围浓厚，职业教育地位低下。20 世纪 80 年代，英国基础教育中的公立学校教育质量持续下滑，逐渐丧失民众的信任。为了改变这种状况，撒切尔领导的保守党政府基于新自由主义思想，对教育进行市场化改革，试图通过建立多种类型的学校，为学生提供多样选择；允许家长择校，从而激发学校的竞争；减少政府干预，从而促进学校的个性化、多元化发展。在此背景下，1986 年英国政府开设了以培养专门人才为目的的中等技术学校，也成为城市技术学校，这成为特色学校的前身。但此时城市技术学校数量少、影响小。1992 年，保守党政府发布教育白皮书《选择与多样性：新的学校框架》，要求增加课程的可选择性和多样性，充分肯定学校多样化。因此"特色学校教育"应运而生。到 1994 年，所有中学都可以申请特色学校的认定，50 所城市技术学校被认定为技术特色学校。此后，特色学校计划仍然持续开展，2001 年，英国政府发布政策绿皮书《学校：建基于成功》，设定了到 2003 年发展 1000 所特色学校的目标。到 2003 年时，英国政府提出了"建立新的特色体系"的愿景，同年特色科目新增音乐和人文。2008 年，英国 95% 的学校成为特色学校。英国特色学校的发展由点及面，课程不断丰富，特色逐渐凸显，

48

反映出教育理念的转向与具体实践的整体脉络。①

英国的特色学校主要是为了扩大教育选择权、提升教育质量、进行教育革新而设立的，在某种程度上，城市技术学校可以算作专门特色学校的前身。城市技术学院侧重于科学和应用型技术学科教育。它由企业和国家共同投资，在教师招聘时看重教师是否热情、多识、创造力强；在课程设置上宽泛灵活，尝试满足不同能力水平和兴趣的学生的需要；在管理方面接受企业代表的建议；在教学方面注重以小组为单位行动，培养学生的合作能力。专门特色学校以特色科目显著。学校利用政府经费补助、民间赞助等方式筹措经费，发展特定专业，实施富有特色的教育方法，尽可能有效开发课程和人力资源。特定专业包括科技、外语、体育、艺术、商业和企业、工程、数学与计算机、人文科学和音乐等，学校需要对教学发展进行有效监督，并及时反思优化。值得注意的是，专门特色学校在发展特定专业的同时，也需要符合国家规定的课程要求，完成对学生的全面培养。

英国特色学校建设已有三十多年的历史，对师生、学校和教育体系都带来了很大的改变。英国学者史蒂文·布莱德利（Steve Bradley）和高斯普·米迦利（Giuseppe Migali）的研究显示特色学校比非特色学校的学生考试成绩有所提高，同时特色学校计划在降低学生逃学率等方面作出了积极贡献。但也有研究者认为，这是因为特色学校资金投入更多、"底子较好"，不能完全说明特色学校学生成绩的提高一定与"特色"相关。在学校建设方面，学校的办学经费增多，办学条件能够改善；特色学科的成功经验能不断引入其他学科，促进整体教学质量的提升；教师的教学技能也得到发展，专业化水平提升；最后，学校的招生自主权扩大，能够在招生名额的一定比例内选择适合本校特色的生源。值得注意的是，成为特色学校后，学校也不能就此停下脚步，2010年前特色学校每隔2—3年需要接受英国教育标准局的评估，2010年后则需要接受其他学校和地方教育当局的重新认定。因此，学校要保持长期的发展能力，寻求进步。在教育体制方面，英国的中等教育由原先的"一体两翼"（"一体"指占据主体的综合中学，注重大众教育但质量一般，"两翼"指占比小的学术型中学和城市技术学院，前者进行精英教育，质量较高，后者开展职业类教育，有特色但影响力小）转变为更多样、个性化的教育局面：综合中学得到加强，模式更加丰富，类似城市技术学院的学校越来越多。②

对学习者来说，英国的特色学校教育模式培养个性化学习意识和能力。学习者如何利用富有特色的学习环境和学习资源，通过特色课程尽可能挖掘自己身上的潜力，在发展兴趣的同时发展自我是一大挑战。学习者需要在这样的教育模式中寻找自己的兴趣和潜质，

---

① 段晓明. 英国特色学校审视[J]. 教育评论，2009(03)：156-158.
② 孔凡琴，鲍传友. 英国"特色学校"探析[J]. 外国教育研究，2016，43(12)：95-105.

掌握发展自己的能力。此外，特色学校也相当注重与家长、企业、社区等多方主体的联合，学习者需要提升自我管理和合作互助的能力，掌握在学习化社会中学习与发展自我的技能。

2. 美国的特色学校

美国的特色学校以蓝带学校、特许学校和磁石学校最具代表性。

蓝带学校是由美国联邦教育部评定的示范性学校。该项目源于 1982 年的蓝带学校计划。指在公立学校中，评选在学生学习成绩或者缩小学生成绩分化等方面取得突出成就的初、中级中学。蓝带学校注重教师的专业化发展，看重学生成绩的提升，并会与周边学校共享办学经验，以便发挥辐射效应。2002 年，美国提出"不让一个孩子落伍"的新蓝带计划，要求参评学校至少满足两个条件：一是至少 40% 的学生来自低收入家庭；二是学生成绩需位于本州组织考试的前十名之内。

特许学校是相对独立于地方当局的管理，由教师团体、社区组织、企业集团、家长或其他社会机构申请开办的学校。申请者和政府签订协议，提出明确的办学规划及方案，政府予以资金支持。特许学校的自主权较大，在课程开发、教学方式、行政管理上都拥有一定的自决权。相应地，特许学校对教师和家长的教育积极性和参与度都更高。很多家长选择特许学校，是看重其规模小，实行小班化教学，能开展特有特色的教学活动。

磁石学校是在基本教学之外，提供特定专长学科的学校，如音乐、戏剧、计算机和科学等。磁石学校的特点在于其特色课程和灵活教学，教师的课程开发权较大，教学改革实验较多，能够凝聚师生认同感。针对学生的个体差异来确定课程内容、开设特色课程，关注学生多元化和多层次的内在需求。磁石学校能像磁石那样吸引学生的地方在于课程实用性强，结合严谨的文科课程，开发和实施与职业相关领域的课程，比如物理治疗、护理、医学课程、建筑/室内设计、时装设计、娱乐技术、视觉传播/网页设计等，让学生获得基本的学科知识，同时备有与市场接轨的、能安身立命的职业知识、技术知识和专业技能。

3. 从在线高中、翻转课堂到混合教育

随着信息技术在教学中的不断普及，现代课堂也注入了大量的信息化元素，近年来掀起了一场科技手段助力于学生自主学习能力培养的教育革新运动。根据"在线"的程度与时空不同，分别出现了完全线上学习的在线课程，线上线下混合式的翻转课堂，以及线上线下相结合的混合教育，下面分别介绍一下这几种学校。

互联网时代下的产物——在线课程，以斯坦福在线高中最具代表性。2006 年斯坦福大学创办了这所 3 年制的私立高中，西部学校及大学联盟（Western Association of Schools and

Colleges)认可，这也是为数不获得 WASC 认可的在线高中。2008 年还被加州大学批准成为其在线课程的平台。

在线高中，顾名思义，这并非是一座实体中学，而是一所基于网络教育的网络中学，即所有的学习都需在线上完成。白天来自 25 个不同国家的学生在同一时间上线，老师进行网络课堂教学。学生上完相应的课程后，可参加在线的小组辩论会或者学生会的网络会议，组建活动，相互交流，打成一片。晚上学生将会收到一封来自斯坦福大学教授详细的作业指导邮件，这有助于梳理当天的知识点。此外，在斯坦福在线高中采取"全大学式管理"，在上课前一天晚上，学生根据自己的兴趣爱好，去选择由斯坦福大学教授提前录制好的各个学科教学视频相对应的课程。因此，学生之间不会有两份相同的课程表。再者，可根据个人能力来灵活选课。比如，一个 13 岁的孩子，他的数学水平已经达到了高二的程度，而英语水平只有高一的程度，那么，就可以同时上高二的数学和高一的英语。这既兼顾了学习个体的差异性，也满足了学习者的个性化发展。这样的教学模式颇有成效，有数据显示，该校的大学入学率 100%，SAT 平均分 1470、ACT 平均分为 33（目前 SAT 满分为 1600，ACT 满分 36），堪称美国顶级名校生的摇篮。①

由此可见，在线高中的成功需要雄厚的资金、优质的师资、先进的教学管理、较高的自主学习能力等方面的支持，因此这类只有线上课程的在线高中难以在全国范围乃至全球普遍推行。于是，"线上线下混合式的翻转课堂"悄然而至。

2004 年孟加拉裔美国人萨尔曼·可汗通过电话、网络聊天工具、微软画图板和自己录制的辅导视频，为帮助 13 岁表妹解决数学难题；2007 年美国的两位高中老师乔纳森·伯尔曼和亚伦·萨姆斯所做的化学实验视频，让因事缺席的学生在家观看课堂内容，这些视频成为了翻转课程的雏形。随着互联网的迅猛发展，翻转课堂受到美国甚至全球学习者和教育者们的追捧与关注。

传统的"以教师为中心"课堂，填鸭式的教学，很难培养学生对学科的兴趣或产生自主学习的动力。然而，由美国兴起的翻转课堂式教学模式，彻底颠覆以往传统的课堂教学结构和教学流程。翻转课堂指的是在课前或课外，学生自主学习与主题相关的教学视频，短小精悍，学习重点清晰明了，重新构建学习流程，视频后通常会有四五个小问题，帮助学生及时进行检测，并能对自己的学习效果作出评价；在课堂上，教师不用花时间去讲解相关重点，腾出更多的时间与学生交流互动，包括解疑答惑、合作探究、完成学业等。在课后，学生可自主规划学习内容和调整学习节奏。由此，课堂模式转变为"以学生为中心"，

---

① 看斯坦福打造的全球第一在线高中，这才是最值得借鉴的学习方式［EB/OL］.（2018-10-31）［2022-05-21］. https://www.163.com/dy/article/DVF9EGVE05148G7.html.

通过实践获得真知，构建新型的师生关系，引导学生深入学习，促成学生的个性化学习。这种"线上自学、线下授课"的模式，可以称为"线上线下混合式翻转课堂"。当课堂教学环节也完全通过在线的方式实施时，对应的是"在线翻转课堂"的模式。① 因此，与传统课堂相比，翻转课堂有利于实现学生的个性化学习，有利于增加学习的互动性，有利于凸显课堂教学的生成性。②

凡事有两面，翻转课堂在实践中不免会引起了一些教育者们的讨论与质疑。首先，教师在课前创建教学视频，无论是在网络上精挑细选还是自己制作，比起传统课堂，更耗时费力，这无疑增加了教师的教学工作量；同时，学生课前看完视频，完成作业，准备展示材料、发言稿等，也没给学生带来"减负"。再者，教师是翻转课堂的"总监"，须具备统领全局、运筹帷幄的本领。由于教师的专业素养参差不齐，实施力度不一，以至于翻转课堂未能在现代教学模式中进行彻底的"改朝换代"。最后，相应的课堂评价标准缺位。

此外，在2020年面对突如其来的新冠肺炎疫情，无论是纯粹线上的在线课程，还是线上线下混合式的翻转课堂，都束手无策，很难完美地解决这一难题，而一直被誉为全球教育标杆的新加坡抓住此机遇，当机立断决定推行线下线上学习相结合的"混合教育"。

以精英教育为目标的新加坡承袭英国教育传统的同时，兼具东方基础教育的优势，中西合璧，灵动领先。在面临疫情的挑战之际，打破了学校教学的传统模式，新加坡教育部原本打算截至2028年，所有中学生会各有一台笔记本或平板电脑，用来登录"新加坡学生学习平台"进行课堂活动与自主学习。但是疫情让这一计划的时间被提前到2021年年底。从2021年第三学期开始，新加坡全国中学和初级学院将逐步实行结合居家和学校学习的混合模式，并在2022年第四学期正式全面落实。由于新模式对学生自主学习能力有较高的要求，所以目前优先在中学中推广。为探讨在低年级学生中推广这套教育模式是否合适，教育部计划在五所小学（蔡厝港小学、先锋小学（Frontier Primary）、俊源小学（Junyuan Primary）、立化小学，以及杨厝港小学）的高年级段试行利用个人学习电子配备进行教学与学习的计划。③

混合教育的目的是无论通过线上还是线下的方式，随时随地给每位学生提供教育；其重点在于让学生自主学习，但其方式并不是简单的线上加线下，而是设立居家学习日，指定时间和空间，探索自己感兴趣的领域，学校根据线上线下学习的优缺点与异同，给学生安排合适的教学内容。不同年级学生的居家学习日占全年课程时间有所不同，从10%～

① 贺利坚，翟一鸣. 在线翻转课堂教学的实施[J]. 计算机教育，2020（06）：12-16.
② 王郢，杨灿灿. 当前我国翻转课堂的实践困境及路向选择[J]. 教育科学论坛，2015（09）：36-38.
③ 参见 http：//www.eduxjp.com/news/04333701.html。

20%不等。①

为了不让一个孩子掉队，政府大力资助，给每位学生的教育账户中存入一定的资金用于购买笔记本或平板电脑，真正落实推行。此外，政府重视技术支持，不断更新学习平台上的资源与完善教学内容，与时俱进，为混合教育的长远发展奠定了良好的基础。学校和老师可以根据学生学情，给学生安排合适的教学内容。结合维果斯基的"最近发展区"，教师团队合作共同研究如何有效结合线上与线下教学，以及不同学习方式所需的时间与资源，帮助学生学习所规定的课程，调动学生学习的积极性。此外，学生可以根据自己的实际情况，对线上课程进行回放、快进、重听等，随时调节学习进度与学习内容。学生若想利用体育设施等校内资源来进行体育锻炼时，可以通过向学校申请返校获取。结合学习者的实际所需，有效整合教学资源，采取灵活的教育方式，激发学习兴趣，使得学生的潜能得到充分的培养，促进学生全面且个性化的发展，跟上信息时代的步伐。因此，与翻转课堂或其他线上课程相比，混合教育更具灵活性，对学生的自律性与独立学习的能力要求更高，科技与人文结合，既有线上学习的便捷，也有线下面对面的交流与互动。

尽管科技助力教育改革不是什么新鲜事物，且有部分教师反映效果不错，但对于学习者来说，与网络相关的教育依然是一场机遇与挑战的角逐。通过网络，学习者尽可能学会在浩瀚繁杂的信息海洋中，汲取自己所需的水分，在后疫情时代中迎来机遇，提高学习效率，走在数码时代的前沿。然而，这种彻底改变传统学习的模式，在面对网络各种诱惑与获取信息易如反掌的同时，发展与评价学生的自主学习与发散性思维等能力将是一大挑战。

4. 国外实践特点

纵观英、美、新加坡等发达国家的教育改革，可以发现它们与传统教育的区别主要体现在以下几个方面：

（1）在理念上，优化教育基础设施建设，技术赋能新形态高中教育形态。在近些年的教育理念中，21世纪技能是最引人注目的一种。21世纪能力框架图中要求学生最终需要具备的三类能力，分别是：生活与职业技能、学习与创新技能、信息媒体与技术技能。全球有不少国家纷纷围绕着这三方面重新构建基础教育体系，例如英国的特色学校及美国的磁石学校等，在优化教育基础设施建设的前提上，开发了多样特色课程。以学生为中心，强调学生通过动手操作来培养学生自主能力，包括自主学习能力、问题解决能力和社会交往能力等。除了培养学生学习与创新技能，还通过特色课程来提高生活与职业技能，对学

---

① 参见 http://www.eduxjp.com/news/04333701.html。

生就业及社会发展有较大的贡献。而斯坦福在线高中、美国掀起的翻转课堂以及新加坡的混合教育，通过科技手段来助力教育，培养学生的媒体素养、信息素养、科技素养，从而实现培养学生的信息媒体与技术技能。

（2）在实践上，充分尊重各主体的课程权力，打造个性化、多样化的高中课程培养方式。自20世纪80年代初期以来，全球教育改革的趋势是赋予学校更多自主权。学校自主权需要建立在系列关键要素基础上——强大的国家框架和明确的战略愿景、精选设计的校长和教师培训课程、坚实的问责机制以及学校之间和学校内部良好的合作环境[①]。英国、瑞典等国家赋予学校较大的自主权同时允许家长自由择校。这种民主的双向选择，消除了扎堆入学的情况，增加学校之间的竞争，激发学校不断地改革与创新。从行政管理权来看，校长通常被认为是学校管理的权威，可赋予教师决策制定权的能力和意愿，提供培训教师的机会，注重教师的专业化发展。此外，校长在教师选聘时有相当大的权力，同时在解雇人员时也是一样。为适应地方需要，教师在选择教材、课程内容、学校评估决策、学生评价等方面都有着一定的支配权。此外，在线课程、翻转课堂和混合教育，在不同程度上给学生空间与时间去探索和发现相关主题的资源材料，从而赋予了学生自主选择课程或学习内容的权力。

学校自主课程权力、家长学校自主权力、教师课程实施自主权力和学生课程选择权力，形成合力，共同促进教育的发展。学校、家长、教师、学生拥有的这些自主性是为了让学校能够更有特色地进行自我发展——选择科技教育实践教育作为特色，打造科技课程、打造科技性的教育育人方式；让教师选择问题发现和解决过程作为教学的特色，提升学生在不同情境、新情境中进行问题解决的能力；让学生根据自己的特色进行课程选择的权利，进而提升自主学习能力。

（3）资源上，多元主体共同助力教育发展，联合社会、企业拓展教育边界。特色课程建设需要发动各方力量。综观英国近三十年特色学校建设的历史演变，其宏观层面的政府主导，微观层面的特色学科带动，以及深层次的制度配套，是特色学校取得成功并持续发展的重要根源，可为我们当下建设特色普通高中提供很好的经验借鉴。[②] 深层次的制度配套，则需要建立在以学校为中心的社区合作之上。学校注重与家长、企业、社区等多方主体的联合，家长能参与学校办学，家校合作，校企合作，从身边获取尽可能多的资源。我们可以借鉴国外的这种社区合作模式，通过政策来规范合作方式和合作内容，让学校与社

[①] 世界各国学校自主权有多大[N]. 中国教育报，2019-02-22（3）.

[②] 李敏，冯生尧，赵梦龙. 英国特色学校建设：历史演变与经验启示[J]. 课程教学研究，2020（03）：64-70.

区中的学生家长、企业中的在职人员、社区的服务人员等形成紧密友好的伙伴关系，共同合力，互惠互利，合作共赢，促进学习化社会的发展。

二、国 内 典 型

随着全球教育改革的浪潮，自 2001 年开始，我国也进行了基础教育课程改革，这是全面推进素质教育的重大举措，"为了每位学生的发展"是基础教育课程改革的核心价值追求。其具体目标为：倡导全面、和谐发展的教育，重建新的课程结构，体现课程内容的现代化，倡导建构的学习，形成正确的评价观念，促进课程的民主化与适应性。

为实现课程改革的具体目标，不少学校和教育工作者借鉴国外先进的教育体制，审视国内及当地教育相对滞后的教育模式，结合信息时代的发展需求，"为了每位学生的发展"，大力提倡学生自主学习，探索主要集中在教学模式的改革与创新、开发丰富多样的特色校本课程、开展智慧课堂等多种改革措施。现列举国内几所中学较为成功的例子，以期为我国教育改革带来积极的可借鉴之处。

1. 聊城杜郎口中学

山东省聊城市杜郎口中学，对于国内教育学者来说，耳熟能详。自 1998 年来该校不断摸索、实践和研究，尝试推行新课改，勇于对传统的教学模式进行改革与创新，逐渐形成了独具特色的"三三六"自主教学模式。"三"即自主学习三特点：立体式、大容量、快节奏；"三"即自主学习三模块：预习、展示、反馈；"六"即课堂展示六环节：预习交流、明确目标、分组合作、展现提升、穿插巩固、达标测评。"三三六"自主学习模式以学生在课堂上自主参与为特色，课堂的绝大部分时间留给学生，老师仅用极少的时间进行"点拨"。

一个学校的转变，需从领导层开始。2005 年，崔其升校长临危受命，彻底颠覆原有的教学模式，把一所名不经传的普通农村学校摇身变为名声大噪的课程改革示范性学校。由人本主义的"以人为本"思想出发，强调以学生为本，提倡学生应成为学习的主人。让学生"动"起来，把课堂的时间和空间还给学生，从 2003 年开始，学校撤掉讲台搬掉讲桌，彻底改变了以教师为主的传统课堂；学生以小组为单位对桌而坐，形成自主学习、合作学习、探究学习；增加黑板，既能让学生在堂上完成作业，通过呈现学习成果，从师生互评到生生互评，学生及时获得反馈信息，知识得到了强化和巩固，形成自主学习的高效课堂。

近年来，杜郎口中学在"三三六"自主学习模式基础上，继续丰富内涵，提出新"三三六"，即具有学科性、风格性和实效性"三个特点"，提升表达力、合作力和思维力"三种能力"，包括独学、对学、合学、展学、导学、测学"六个环节"，在深化课堂教学改革上提出"精彩+实效"的评价标准。① 经过二十多年来时间的沉淀，教师的专业发展得到了提高，学校教育生态的重新建构在实施过程中不断调整与完善、守正与创新。现正任职的张代英校长为进一步诠释新"三三六"的内涵，还组织老师们进行了三次头脑风暴，分别是："精彩+实效课堂""让学生静下来，独立思考""让学习资源多起来，互联网助力课堂"。让课堂不再流于形式，教师根据个人特色大显身手，注重高效课堂，让学生多视角、多层次地获取知识，充分体现了学科性、风格性和实效性"三个特点"。让学生静下来，通过独立学习与思考，有助于知识内化且生成新的知识，提升学生的思维能力。最后，互联网助力课堂，让"六个环节"贯穿课堂，通过预习、展示和反馈这原有的三个模块，提升学生表达力、合作力和思维力"三种能力"。

回顾杜郎口中学的发展历程，总结其成功经验，可以为我们节省时间和有助于把握好素质教育的前进方向。

2. 扬州翠岗中学

江苏省扬州市翠岗中学是一所 1999 年新建的义务教育性质的初级中学。在二十多年的办学历程中，学校坚持以科技创新教育为抓手，积极实施课程改革，推进素质教育，开发并实施科技创新校本课程，着力培养孩子们的科技素养和实践能力，走出了一条特色发展之路。"以育人为先导，以学生为主体，以课堂为阵地，以创新为主动力"的办学宗旨，逐步形成学校的四大特色。② 多年来，学校在特色办学中寻求持续发展，中考成绩在同类学校中均名列前茅，甚至遥遥领先，打破了素质教育是应试教育的对立面的说法，证明了真正的素质教育培养了学生更全面的能力，所谓的应试成绩，只是水到渠成，这对师生、学校乃至整个中国的教育体系都带来了很大的改变。

首先，以育人为先导。学校倡导自主德育的方式，建立班级自主管理体系，通过班级的学习部、纪律部、卫生部等多个部门，分工协作；为了锻炼学生的能力，各种职务每学期会进行轮换。班级管理不再是老师一个人的事情，从而培养了学生的责任感与多种管理能力。此外，学校提供开放的平台与空间，多种活动由学生自行安排时间自主策划、组织、落实，让学生的综合能力得到了很大的提升，促进学生全面且个性的发展。

---

① 用专业行动树学校榜样［N］. 中国教师报，2021-01-07（7）.
② 杜稼锋. 科技创新教育：学校特色发展的一条捷径——来自扬州市翠岗中学的经验［J］. 江苏教育，2007（12）：49-50.

其次，以学生为主体。学校实施的科技创新教育，是以学生为中心，以学生的感兴趣的问题为研究对象，其研究范围突破了传统的学科界限，其教学时空也由传统的教室、校园拓展至家庭、社区和社会。① 此外，为顺应学生的需求，结合学校的办学条件，开发了创造发明、头脑奥林匹克(简称 OM)、机器人足球等十多个科技类校本课程。兴趣是最好的老师，基于学生兴趣而开设的校本课程能更好地调到学生学习的积极性与自主性。

再次，以课堂为阵地。学校提出"3015"教学模式，指的是在 45 分钟的课堂时间内，前面 30 分钟是以教师的主导作用为主，引导学生主动参与课堂并完成教师设置的任务；剩余 15 分钟以发挥学生主体作用为主，学生可用于自主学习、随堂练习、教师的当堂批改作业和评价反馈等。让学生高效参与课堂教学任务，培养学生自主学习能力和巩固复习的良好学习习惯。

最后，以创新为主动力。科技创新教育，是翠岗中学最大的亮点，中央电视台为此先后三次到校采访并报道，在全国教育界引起很大的反响。除了开发了十多种科技类校本课程，引发校园"头脑风暴"，学校还举办一年一度的校园科技艺术节，展示学生的科技成果。值得一提的是，学生的创新作品层出不穷，在江苏省的比赛中多次获奖，甚至还代表省去参加全国赛。活动形式的多样化，提高学生的自我效能感，同时促进教师专业成长。

翠岗中学作为素质教育下较为成功的例子，面对如何培养学生的创新精神和创新能力，如何培养学生的人文精神等问题，或许能给我们一点启示。

3. 南海执信中学

广东省佛山市南海执信中学创办于 2000 年，是一所完全中学，秉承广州市执信中学的现代教育理念，共享广州市执信中学的优质教育资源。历经二十多年，南海执信中学通过个性化教育模式、"四环四导"高效课堂模式，逐步形成特色课程体系，扎实推行"希望教育"。

学校对初中生进行兴趣爱好激发和培养，对高中生进行职业生涯指定和规划，并积极推行个性化教育管理模式。"四环四导"高效课堂模式较好地体现了新课程理念，能较好地转变学生的学习方式，体现学生的课堂主体地位，在解决课堂存在的三大问题上成效明显，学生对课堂的满意度有较大幅度的上升，学习成绩也有一定的进步，各科目排在南海区前列。此外，学校根据《国家中长期教育改革和发展纲要》创造性地开设了丰富多彩的特色教学课程，包括综合艺术课程、传媒艺术专业课程、美术专业课程、音乐专业课程、体

---

① 杜稼锋. 科技创新教育：学校特色发展的一条捷径——来自扬州市翠岗中学的经验[J]. 江苏教育，2007(12)：49-50.

育舞蹈课程、国际双语课程等。① 其中，为打造科技与创新课程这一亮点。学校引进优质的师资力量，聘请国内优秀教练到校亲自指导与教学，开设的科技模型课、环保研究课、实验探索课等，深受学生喜爱。学生的参赛作品多次获得国家级的科技竞赛奖项，甚至还申请了国家发明专利。通过科学的理论学习和反复动手实践，激发学生探究的热情，锻炼思维能力和创新精神，提升创新能力。

4. 西关广雅实验学校

广东省广州市西关广雅实验学校是一所 2002 年创办的实行办学体制改革试验的公有民办学校，以"书香校园，未来学校"作为学校的发展定位，自 2017 年起，引进了智慧教学平台，为学生免费配备学习专用平板电脑，通过信息技术与学科教学的深度融合创新应用，构建以生为本的智慧教学，促进学校教学提质增效，促进学生学业能力提升。

智慧教学平台有各学科知识点微课、线下课堂的录课视频、习题、仿真实验等丰富的学习资源，学生根据个人学习掌握情况，可自主选择或在老师指导下选择适合自己的学习资源进行自主学习。智慧教学为学生的自主学习提供了无限可能，使学习实现了一生一案个性化定制。这种由系统记录学生的自主学习、课堂学习、作业、学情诊断等方面的个人学习"成长档案袋"，让教师能快速了解每个学生的学习水平和思维模式等学习因素，为备课节约了大量的时间，实现"精准化教学"，让课堂变得更加高效有趣。同时，智慧教学系统会为学生生成个性化知识图谱，帮助学生查缺补漏，并根据学生知识的薄弱点和认知水平，推送针对性的练习，大大减少学生无效的重复刷题，提高学习效率和自我效能感。

此外，为构建高效智慧课堂，学校定期组织教师进行智慧教学技术应用培训，让教师们充分了解信息化设备在教学中的作用，为教师搭建一个提高教学水平的数码平台。通过点名、抢答、投屏、屏幕监测、触摸画图等各种功能，尽可能刺激学生的各种感官，让学生在课堂上"动"起来，激发学生的学习兴趣，增加师生互动与生生互动，提高学习效率。以线上积分的形式及时评价学生的课堂表现，促进学生深度参与课堂学习。

智慧课堂这种以科技助力教育的教学新模式，强调学生通过自主学习后，把知识内化成自己的思想与见识，由被动学习转变为学生的主动学习和精准学习，关注学习结果的产出，实现了"以学生为主体，以教师为主导"的教学模式转变。尽管智慧课堂引入课堂的实践时间才短短几年，也引起了教育界及家长们的不少质疑，例如会造成学生教育不平等的问题、导致学生视力下降、不利于自律或自主学习能力较差的学生，等等，但智慧课堂确实是突破了教与学的时空边界，实现"人人皆学、处处可学、时时可学"的愿景，是后疫情

---

① 参见 https：//www.jianshu.com/p/9a8b5cbf9d2f。

与信息相互交错的时代下未来教育发展的趋势。

5. 实践特点

以上国内几所中学的教育改革，引起过教育界的广泛关注，甚至被推行模仿。这几所学校都顺应了新时代的发展要求，不难发现它们与传统教育的区别主要体现在以下几个方面：

（1）重新建构学校生态，营造自主环境。在应试教育高考的指挥棒下，传统的学校容易搞"一刀切"。学校为追求教学成绩，忽视学生与教师的发展需求，强制性推行死板的"以教师为主"的教学模式。而当今的学校变革要在政府和教师的共同推动下，进行学校教育生态的重新建构，并坚持过程导向，不断进行守正创新；共同愿景、学校领导与专业学习社区从不同方面为学校变革提供了动力。[①]

当代学校的行政管理是实现预定教学目的的核心元素，尤其是校长，充当着改革中的引领者和设计者的重要作用，充分利用各种人力、物力和财力资源，通过方案、组织、控制等管理行为，积极调动教师的积极性，重新建构学校教育的生态，为师生提供良好的改革环境。

为满足学校的长远发展需求，教师选聘的要求也相应地提高。从最初的拥有教师资格证便可以持证上岗，到现在还需要硕士、博士学位证书，而且学历只是最低门槛，学校更为看重的是教师的教育教学理论素养、心理素质、语言表达等综合能力。此外，针对校本特色课程，聘请的教师更具专业性，不再局限于传统的文化学科。如南海执信中学，还聘请中国航海模型协会、佛山市青少年文化宫的模型比赛优秀教练到校进行教学。选聘志同道合之人，才会有共同的愿景，愿意为学校变革多出一份力，逐步形成专业学习社群，更有利于学校教育生态的建构。

教学模式的改革需要漫长的过程，学校根据自身发展的需求，不断调整与完善，守正与创新，不是一蹴而就的。杜郎口中学从旧的"三三六"到新的"三三六"，提高了对学生自主学习能力的要求。

（2）科技助力教育，走素质教育的特色之路。西关广雅实验中学、南海执信中学、扬州翠岗中学均是 2000 年前后创办的新学校，正好赶上我国进行基础教育改革掀起的第一波浪潮，而杜郎口中学虽然早在 1968 年创办，但在 20 世纪末学校已处于撤并的边缘，不得不对原有的传统教育体制大刀阔斧地改头换面。高中特色课程主要服务于学校的办学理

---

① 刘思硕. 学校如何实现变革？——基于杜郎口中学变革的经验与反思[J]. 江苏教育研究，2022（5B）：4-8.

念和学生个性发展需求，并以地域社区以及学校资源为依托。在此基础上，对高中特色课程的性质进行分析，归纳其性质有独特性、优质性、多样性、选择性、整体性、创新性①。

①独特性。智慧教学平台、科技创新课程、"四大特色"、"三三六"自主教学模式，这些都是各自学校的特色、新名片。虽都基于倡导自主学习的能力，但教学模式的侧重点各有不同。

②优质性。常言道，取乎其上，得乎其中；取乎其中，得乎其下。学校会从各个学科里挑选表现优秀的教师来给学生们讲授特色课程，甚至还会重金聘请外校专业人士。如南海执信中学为保证特色校本课程的教学质量，特意聘请中国航海模型协会会员到校给学生进行科技模型课的指导。

③多样性与选择性。校本课程既是学科的延伸与拓展，又是学科之间的交集与并集。除了涵盖语数英物化生政史地，还有心理学、哲学、陶瓷、环保等，课程的多样性，与学生的生活息息相关，同时提供了多样的选择，让他们发展成为更完整、更全面的人。

④整体性。每个学科都应是一个较为完善的知识系统，校本课程也亦然。而且课程要形成特色，更要注重知识的系统化、专业化、个性化。

⑤创新性。当今正处于信息快速发展时期，与疫情交错期间，更进一步地推动了信息技术的普遍应用。科技日新月异，创新必须要融入课程。如智慧教学平台能让学生更快适应线上线下的混合型教学，科技创新类的校本课程更能等，帮助学生把知识运用到实际生活中去，不断更新思维和能力。

我国教育方针和教育目的的总体要求中有提到"必须为社会主义现代化建设服务，必须为人民服务，必须与生产劳动和社会实践相结合"。这些特色教学正是按照这三个"必须"的要求来落实素质教育。改变传统的教学模式，把被动学习改为主动学习的特点，培养学生自主学习、合作学习、探究学习的特色能力，通过推行素质教育，学生学会如何学习，从而提高学生的学业水平。

---

① 刘思硕. 学校如何实现变革？——基于杜郎口中学变革的经验与反思[J]. 江苏教育研究，2022（5B）：4-8.

实 践 篇

因材施教：开设科技创新实验班

早在春秋时期，儒家学派创始人孔子就提出"因材施教"的观点，并在兴办私学、教授诸生的过程中将其广泛应用并流传至今。时至今日，根据学生的心理个性特点与认知差异情况开展教育教学活动已被教育学界的众多学者认可，并成为推动基础教育改革、实现个性化学习的基础与前提。而睿升学校基于"实践育人"理念，探索学生多元化综合发展途径，最终于2016年经武汉市教育局审批，针对有特殊需求的学生开设"科技创新实验班"（简称科创班），设置"科技探索实践"活动板块，为睿升学子创造科技实践育人的环境和机会，引导学生参与丰富多彩的科技拓展活动，充分挖掘学生的特长潜能，激发学生自我教育和相互教育的热情，进而塑造具备自主学习能力、全面综合发展的学生。

传统学校的知识学习通常是从书本到书本的"纸上谈兵"，学生通过课本内容与教师讲授获得间接经验，又通过作业、测验、考试等方式将自己所获得的间接经验输出。这种从书本到书本的学习方式，不仅使得所习得的知识难以在真实生活情境中运用和实践，让学生缺乏感性认识，而且也会使学校教育落入应试教育和分数教育的窠臼，成为刷分的工具。21世纪是大数据飞速发展的科技世纪，知识的学习要以创新作为最终归宿。立足于这样的时代背景，睿升人积极探索学生科技创新能力提升方法，最后发现将科技发明创造与学生实践探索活动相结合，鼓励学生在科技创新过程中运用所学知识，发现身边存在的问题、运用所学知识分析问题、动手实践解决实际问题，是提升学生创新能力的最佳途径。

在"大众创业、万众创新"这一国家战略的指导下，以科技点亮教育、以科技融合教育已经成为创新教育发展的一条新路径。因此，针对"科创班"的教学选择，睿升学校提出了"实践育人、科技育人、学生自育"的特色口号，规划了科技必修、科技选修、基础探究以及科技前沿讲座四类科技课程，斥资创设实践育人8大教育基地作为场地支撑，并组建了天文、数字媒体、3D建模、航天航模、机器人、虚拟仿真等一系列科技社团，辅助学生进行课外拓展进阶活动，训练校内学生参加省级、全国乃至国际一系列科技竞赛。过去的实践成果表明"科创班"学生在高考表现、科技竞赛等多方面都取得了优异的成绩，在学习之余享受创新教育的喜悦，提升学习能力。这也应验了李水生校长的名言："能力是可以迁移的。学生在实践过程中学会了思考、获得了学习方法，这些能力会迁移到学科学习中，有助于高考取得更好的成绩。"

一、科技创新实验班开设的意义

2016年3月，经武汉市教育局正式发文批准，武汉睿升学校在全市率先开办"科技创新实验班"。该班由多名院士及华中科技大学、武汉大学、华中师范大学等重点高校和教科研机构的几十位专家、博导亲自参与课程规划设计，并由武汉大学教育科学研究院的科研团队对其进行课程学习思维方法的指导教学，运用科学的研究方法全程跟踪教学方法的实施和教学过程的成果，并进行抽样调查评估、数据统计分析，适当改进调整。睿升学校采用专兼职教师结合授课的方式，组织十多位专职科技创新课程教师和数名校外科研机构人员、高校教师、科技企业工程专家联手协作，共同力保科技创新实验班的创新课程教学真正发挥成效。同时，武汉睿升学校与985名校及科研院所合作，建立多个实验基地，为学生开展一系列实践活动提供机会和条件。

而在高中三年的时间里，科创班的学生既要完成国家高中课程计划，又要开展科技创新实验课，将理论知识与动手实践相结合，在备战高考的同时，促进对所学知识的掌握，培养自己的创新意识和拓展思维。武汉睿升学校李水生校长表示："科创班"不仅要让学生学业成功，圆梦名校，更是要培养学生的科学精神和实践研究能力，为日后步入社会获得成功奠定基础。因此，在众多武汉学生家长的眼中，睿升学校的"科创班"已成为除第一梯队名高中(华师一附中、省实验中学等学校)之外学生升学的最好选择。

除了以上影响，开设科技创新实验班对睿升学校本身也有以下三点意义：

第一，科技创新实验班是中国学生发展核心素养在睿升学校的校本化体现。

2016年9月13日，我国正式颁布了《中国学生发展核心素养》的研究成果。成果指出，学生发展核心素养是指学生应具备的，能够适应终身发展和社会发展需要的必备品格和关键能力，是关于学生知识、技能、情感、态度、价值观等多方面要求的综合体现。它以科学性、时代性和民族性为基本原则，以培养"全面发展的人"为核心，划分为文化基础、自主发展、社会参与三个方面，综合表现为人文底蕴、科学精神、学会学习、健康生活、责任担当、实践创新六大要素。① 而睿升学校在李水生校长的带领下，认真研读成果文件，将学生发展核心素养与睿升的教学理念交相融合，探析教育教学具体落实路径。

而科技创新实验班便是将学生核心素养的发展作为最终培养目标，从课程内容的设置、课程实施的方法、课程评价的方式以及课程管理的选择等多个维度入手，促进学生在

---

① 核心素养研究课题组. 中国学生发展核心素养[J]. 中国教育学刊，2016(10)：1-3.

文化基础(即理科学科知识和科学前沿知识等知识)、自主发展(即学生自学能力、自思能力、自控能力和自问能力等)以及社会参与(即积极引导学生回应现实生活情境中的科技问题)三个方面的发展，在科技探索活动中鼓励学生深入思考，进而实现核心素养的校本化。

当然，发展学生的核心素养这一终极培养目标不是"空头支票"，而是具体体现在睿升"科创班"的每一次科技实践当中。例如，在孟宪友老师的天文观测课堂上，同学们通过听讲学习和观测实践，激发了探索宇宙奥秘的好奇与热情，培养了自身的科学精神。被宇宙的神秘所吸引，科创班的姜玥同学在课堂上提出疑惑：人类只有不足百年的寿命，那么是用什么方法得出天体的年龄有几百万年甚至几十亿年？又是怎样测量天体距离我们之间的距离有几千万光年甚至上百亿光年？孟老师没有正面回答，而是简单提示，希望学生自己寻找问题的答案，进而引导学生自行探究和发现新知识。于是姜玥同学便利用周末回家的时间，上网查询相关资料，进一步了解到人类认识宇宙的科学途径与方法，感觉豁然开朗，从三角视差法到造父变星法，最终到哈勃红移法，人类测量天体的方法既科学又巧妙。最后，姜玥同学在天文观测课堂上分享了自己的发现和感受，让全班同学都感受到科技发展的威力！此外，科创班的吴凡同学在观测太阳黑子时，结合所学知识与生活经验，发现"用阳光投影望远镜在墙壁上是正圆"的方法来快速对准太阳，减少了调整仪器的时间，提高了观测效率。以上案例均可说明，在天文观测活动过程中，学生的聪明才智得以充分发挥。拓展到各类科技实践活动当中，学生不仅仅是跟着老师的步调前进，更是在不断思考，发现和解决新问题，最终落实到发展学生的核心素养上，为学生的终生发展做铺垫。

吴凡同学在观测太阳黑子

姜玥同学在研究测量天体的方法

总而言之，在睿升学校"科技实践"教育中贯彻学生核心素养，就是落实立德树人根本任务的具体表现，也是我国基础教育适应世界教育改革发展趋势的表现。

第二，科技创新实验班是创新人才培养在睿升学校的校本化落实。

创新人才是21世纪最宝贵的资源，只有具备创新意识、创新精神、创新知识、创新能力，能够灵活运用多种思维方法的人才才能被称为真正的"创新人才"。根据联合国教科文组织于 2016 年提出的《全面教育提升》报告的思路，创新人才应具备三方面的特点：掌握先进前沿技术、具有突破性思维方法、成长健全的人格。武汉睿升学校的"科创班"秉承"科技育人、实践育人、学生自育"的特色理念，充分挖掘学生科技探索与动手操作过程中的教育元素，着力提升学生的先进科技前沿知识，突破传统的思维方法，培养健全人格。

根据定义，创新人才首先是全面发展的人才，因此睿升学校重视采用多元化的拓展课程来全面培养学生。在课程内容方面，睿升"科创班"所开设的课程包括天文观测、水土分析、电子技术、编程设计等多个方向，这些课程所涉及的知识不仅与国家课程内容紧密结合，同时也与各自相关学科的最前沿知识密切联系，实时更新课程内容。在课程实施方式方面，睿升学校注重提升学生思维，例如在天文观测课上，负责主讲的孟宪友老师从郭沫若先生的诗歌《天上的街市》引入，生动形象地介绍星座知识，引导学生尝试制作天文观测眼镜，还向学生普及了当今世界天文学界和天体物理学界的最新科学发展进展与成就，拓展学生视野。更重要的是，睿升学校多年以来形成了"爱字铺路、严得科学"的学校管理理念，并将其定为睿升育人工作的基本原则：老师对学生要先爱后严，并且要严得科学，不能一味强迫学生，导致学生的对立情绪。这对于塑造学生积极健康的人生观、价值观，培养学生的爱国主义和集体主义精神，陶冶学生的高尚情操和健全人格发挥了突出作用。

第三，科技创新实验班是世界主流教育思想在睿升学校的校本化改进。

人对世界的认识不是一蹴而就的，而是在多个实践活动当中逐渐形成的。可见，人类的认识活动天然地具有"过程性、体验性"的特点。睿升学校对学生学习知识的过程的认识也是如此，它不是师生之间知识的单方向灌输和传递，而是学生通过自己学习、自问自控、自我反思，在老师和教材的帮助下达到知识融会贯通、思维定势转变的过程。这正契合了当下教育研究界所秉持的教学认识主流观点——建构主义、生成课程、学会"四基"。

学生的自我学习、自问自控和自我反思，契合了人类认识活动的"体验性"特点；知识不断积累质变和思维不断优化提升，契合了人类认识活动的"过程性"特点。而这些，恰恰能够在睿升学校"科创班"的"科技实践育人"理念中得以完美体现。在充分分析建构主义理论以及践行"科技育人、实践育人、学生自育"原则的前提下，睿升"科创班"强调学生的主动性，教师根据学生的回答反应调整活动进程，从而为学生提供更多鲜活、立体和操作性强的科学探究机会，使学生在科学探究的过程中不断动手实践，学习基础知识、基本技能、基本思想以及基本活动经验，将书本知识的学习与实践活动的运用结合起来。例如，在《设计中的人机关系》课堂中，学生通过寻找实际生活中人机关系合理与不合理之处，深入体会一个作品设计的两面性，在学会权衡利弊之后，明确值得解决的问题。反映到实际教学当中，老师与"科创班"的学生针对睿升学校内部人机关系不和谐的地方进行了创新改进，如设计开水自动灌装方案、升级自动升旗杆、制作曲线形板凳、飞行器和挂衣器等，通过实践成果促进学生全方面素养的发展。

睿升学校学生设计的曲线形板凳和飞行器

二、科技创新实验班课程设置

睿升科技创新实验班的课程设置情况不同于普通班级，有针对性与特殊之处。其课程体系、课程保障、课程论证以及运作机制皆贯彻落实"科教兴国"战略，以《国家中长期教育改革和发展规划纲要(2010—2020年)》为指导，全面提高中学生科学素养和环境意识，扎实推进素质教育，实现多元化创新型人才的培养，让学生成为学习的主角，让每名学生都成才。

第一，针对课程体系设置与安排层面，睿升细分课程大类，制定了详细的安排规划，确定学习目标，合理安排学生时间，最终达到"立德启智、育美强身"的目的。

睿升学校将课程定义为"凡是有目标、有计划、有检查的且有利于学生发展的教育教学活动"，并基于该定义，在国家高中课程计划规定课程(见表1)之外，为"科创班"学生开设五大类新课程(见表2)。科技创新实验班学生既要完成国家高中课程计划规定内容，又要完成科技创新实验课程。

表1

普通高中国家规定课程

课程编号	课程名称	选课方式	说 明
C22	语文	必选	（1）每学期的国家规定科目按规定要求开足 （2）社会实践课程每学年多于1周集中安排 （3）社区活动三年不少于10个工作日
C23	英语		
D29	数学		
E37	政治		
E36	历史		
A04	地理		
A01	物理		
A02	化学		
A03	生物		
A06	信息技术		
A05	通用技术		
C24	音乐		
C25	美术		
E39	体育与健康		
E40	研究性学习活动		
E41	社会实践		
E42	社区服务		

表2

科技创新实验班专设课程

课程大类	课程编号	课程名称	选课方式	说 明
A类课程 科学与技术	A07	天文观测技术	8选1	（1）A类课程为科学与技术类课程 （2）课程绪论由专家教授开讲 （3）理论部分由专兼职科技老师讲授 （4）实践部分由专兼职工程师和技术人员指导 （5）安排学年：高一上学期 （6）实验地点：实践育人基地相关实验室
	A08	水土分析技术		
	A09	电子电路技术		
	A10	无人机原理及操控技术		
	A11	数字加工技术及电动工具操控技术		
	A12	数字传媒技术		
	A13	3D设计及制作技术		
	A14	机器人原理及操控技术		

课程大类	课程编号	课程名称	选课方式	说　明
B 类课程 工程与设计	B15	光伏电站及控制工程	7 选 1	(1) B 类课程为工程与设计类课程 (2) 在通用技术课程设计理论及方法后开始实施；每个学生必完成一项工程类设计课题 (3) 设计在专兼职教授，工程师及技术人员的指导下完成 (4) 设计说明书为工程课程成绩考核的重要依据 (5) 安排学年：高一下学期
	B16	机器人设计及制作工程		
	B17	计算机程序设计		
	B18	虚拟仪器设计及应用工程		
	B19	物联网设计及应用工程		
	B20	火箭模型及控制设计工程		
	B21	影视作品设计及 后期制作工程		
C 类课程 语言与艺术	C26	中(英)文辨论及演讲	3 选 1	(1) C 类课程为语言与艺术类课程 (2) 由专兼职专家老师讲授 (3) 高一上：2 选 1(C26 与 C28)；高二下：2 选 1(C27 与 C28)
	C27	中英文翻译技巧及训练		
	C28	影视作品鉴赏		
D 类课程 数学与编程	D30	仿真数学实验平台	必选	(1) D 类为数学与编程类课程 (2) 专兼职教授和老师讲授
	D31	运筹学	5 选 1	
	D32	数值分析与计算机语言		
	D33	数学建模		
	D34	数学思想与自然科学		
	D35	自动控制理论初步		
E 类课程 人文与社会	E38	科技前沿与科技创新	必选	院士教授讲座

睿升学校针对"科创班"课表计划每周总学时平均为 40 节(国家课程为 34 节，其中研究性学习 3 节、音美 2 节)，科技创新实验课程为 8 节。按每周五个学习日进行安排，每天课时平均 8 节(不包含晚饭后动手实操环节的延伸的 1 小时)。具体课时安排说明如下：

①国家课程按常规教学的要求，安排在每天教学的前 6 节时间。

②科技创新类课程大多安排在每天的第 7、8 节课的时间。

③由于科技创新类课程大多需要动手实践，而个别动手实操环节可延伸至晚饭后 1 小时。

④睿升学校设计的 3 节研究性学习课归属于 E 类课程，借助实践环节让学生对课堂学

习的学科知识进行梳理和归纳，探寻更科学的学习方法，促进对学科知识的理解和拓展。

⑤睿升安排的 2 节美术音乐课归属于 C 类课程，主要是为了深化艺术课的广度，陶冶性情，提升审美。

综上，根据课程拟定，科技创新实验班的学生每周将有 8.5 个课时的时间专门用于科技创新类课程的学习，这样能够保证科技课程的顺利开展，同时也并未加重学生的学习负担、更没有侵占教育部所规定的所有国家课程的开设课程和开课时数。

第二，针对课程保障层面，睿升学校的科技创新实验班在设计之初，就充分考虑到考生需要和国家课程实践的需要，在课时保障、内容保障、专业保障上予以了充分论证。

教学内容是课程目标实施的途径和方法，开设科技创新实验班并不意味着游离于国家要求之外，也不意味着游离于国家高考范围之外。睿升开设科技创新实验班是一种大胆的教育尝试，但教育尝试的背后牵系着"科创班"每一位学生的努力心血、前途未来以及家长的成才期望，决不能掉以轻心。具体而言，睿升课程保障涉及以下三方面：

首先，利用寄宿制学校优势保证课时。

睿升学校是全日制、寄宿制学校，学生吃住都能够在学校内解决，这就避免了学生每日通勤所带来的时间浪费。同时，为保证科技创新实验班课程安排既不加重学生负担，又能达到一定的教学拓展效果，睿升学校主要利用学生每天第 8 节课的时间开展科技创新课程和动手实践课程，再加上每天晚饭后 45—60 分钟的休息时间，方便学生继续探索，完成课程学习。睿升采用以上课程时间规划的原因有两点：一是学校考虑到部分科技创新课程需要预留大量时间让实验自行反应或是让程序自动调试，在这段时间内学生可以不用动手操作，而是选择吃晚饭或放松休息；二是这样的安排既不占用学生额外的学习时间，实现学习时间的高效利用，又能够让学生走出"机械学习""死学苦学"的怪圈，体会到学习实践的快乐。

其次，利用科技课程的特色保证课时。

睿升学校"科创班"课程以科技创新为特色，额外增设四个大类科技专修课，各有侧重。主要内容如下：

①科技必修课程：依托国家规定的高中生必修课程中的"通用技术"和"信息技术"基础上，根据时代要求和学校特点，睿升老师重新规划了教学内容和教学形式，突出了"通用技术"课程的设计特点和"信息技术"课程的系统编程特点，开设技术与设计课。这部分课程与当下科学发展与技术前沿结合紧密，如"通用技术"的技术与设计结合了创客思想，"信息技术"的编程结合了人工智能技术与机器人发展知识，为课程赋予新鲜的血液和生

命，受到广大学生的喜爱。为保证科技必修课程的教学实施效果，睿升学校的老师们制订了严格、有针对性的期末考核制度，如参加设计课的学生需提交具体可行的设计作品或设计方案作为考核成果之一，避免学生的课程学习流于形式，因此每一学年都会有不少于100件的学生设计作品。

②科技选修课程：睿升学校将科技选修课程划分为上下两个学期。在第一学期的时间内，学生主要在科学技术发展上做选修工作。睿升参考大学中的导师负责制，由学生自主选择参加各种兴趣特色班，老师带领指导做一些设计项目。在第二学期的时间里，选修课程以工程整合为主，强调学生的工程组织能力以及工程师素养的培养，老师只在细节把握上提出意见。

③科技探究课程：睿升学校将学生的发散思维归拢到基础教育的学习当中，开设的具体课程内容包括数学建模、物理/化学/生物的仿真实验等的探究。利用网络、编程、虚拟仿真技术，让学生感受科学技术和基础教育的直接关系与相互作用，推动数理化生等基础学科的学习，使学生的基础更扎实，视野更开阔，综合能力得到提升。

④科技前沿课程：睿升学校经常邀请国内专家举办高水平的科学讲座，或是组织参观科学实验室等活动，激发学生的科学学习兴趣与科学情怀，让学生树立科技报国的远大理想。

总而言之，这些科技课程的设置，使得睿升学校的科技教学形成了一个完整的体系。通过一系列科技课程的创设与实施，激发了学生的主体性学习意识和创新意识，课程设置的科技性、创新性与该阶段学生的思维风格特点极为匹配。同时，科技实践的最终目的指向是"为教学服务"，指向"培养什么人"这一问题的回答，回归教学本真。文化课老师与科技创新课程老师沟通交流，形成联动机制，通过科技课程的教学实践，有针对性地选拔和打造创造性优秀人才，多方努力共同配合监督，为学生成长保驾护航。

最后，利用综合实践活动保证课时。

根据武汉市教育规划和学校特色发展要求，每周五下午的时间是学校特色校本课程实施时间。科技创新实验班充分利用这段时间进行科技课程的深度学习，开展综合实践活动，其整体学习时间和课程数现已不低于理科火箭班的要求。让学生在综合实践活动中亲历发现问题、提出问题、分析问题和解决问题的人类认识实践过程，进而培养学生的创新意识、创新思维和创新能力。

综合考虑国家课程要求、科技创新课程安排、综合实践活动开展等多方面因素，睿升学校科技创新实验班的课程表设置如表3所示(以高一为例)：

表3　　　　　　　　　　　　　　　　高一"科创班"课程表

	单　周						双　周					
	周一	周二	周三	周四	周五	周日	周一	周二	周三	周四	周五	周日
早自习	语文	英语	语文	英语	语文		语文	英语	语文	英语	语文	
第1节	英语	生物	语文	数学	英语		英语	英语	历史	数学	化学	
第2节	语文	英语	地理	数学（自）	英语		语文	心理健康	设计基础	价值观	物理	
第3节	数学	语文	政治	语文	数学		物理	语文	设计基础	语文	英语	
第4节	化学	历史	体育	研究学习	物理		体育	生物	数学	政治	数学	
第5节	物理	化学	数学	英语	语文		数学	化学	语文	英语	语文	
第6节	体育	数学	设计基础	生物	化学		生物	体育	设计基础	地理	语文	
第7节	安全教育	设计基础	英语（自）	自习	校本课程		化学	数学	英语（自）	自习	校本课程	
第8节	科技课程	科技课程	科技课程	科技课程	校本课程		科技课程	科技课程	科技课程	科技课程	校本课程	
晚饭后	自修探索	自修探索	自修探索	自修探索	自修探索		自修探索	自修探索	自修探索	自修探索	自修探索	
晚自习	英语	生物	生物	物理	化学	语文	英语	生物	生物	物理	化学	语文

针对课表当中出现的区别于其他学校的四门课，具体说明如下：

①设计基础：主要开设软件设计和机构设计两门课。本课程是科技创新实验班所有科技课程的基础，类似于大学的专业基础课，旨在发展学生的基本设计思想，为后面系统深入学习奠定良好的基础。

②科技课程：根据科技创新实验班的课程计划，在高一上学期的科技课程中将开设8门A类课程供学生自由选择1门，多元选择，培养兴趣，拓展视野。

③自修探索：这段时间有赖于学生根据自己的兴趣爱好和实验进展自行安排。对于一些组装类或程序类课程，学生在进了程式设计或组装后，需要静待程序运行得出结果，或

需要等待黏合剂晾干，这些时间学生可以先去吃晚饭，晚饭后再根据自己的时间安排和自主兴趣选择是否继续实验。学校的所有科技教室都全天候向学生开放。

④校本课程：科技课程和机器人课程是睿升学校的特色课程，在周五下午面向全校师生开放，科技创新实验班的学生也不例外。他们在平时加强科技课程学习的同时，还能利用周五下午选修学校的音乐、美术、审美、文学以及机器人类课程，全面提升，综合发展。

此外，为了促进学生的综合发展，国家规定的课程中还有"社会实践课程"和"社区服务课程"的要求，教育部对这两门课程的开课时数要求分别是"每学年多于一周"和"三年不少于 10 个工作日"。科技创新实验班根据自身特色，赋予这两门课程一定的科技创新特色，例如，由于工程设计类课程需要学生自行设计、组装、调试等，本身就要求集中时间教学，因此睿升将每学年的工程设计课以及外出参加国际机器人大赛等活动安排为"社会实践课程"，让学生既体验操作实践和动手合作，又在完成既定国家课程的同时充分发展自己的科技创新能力。而对于不少于 10 个工作日的"社区服务课程"，学校将专门为科技创新实验班举行社区科技服务、科技宣传进社区等内容，将校内外的课程资源有机整合，让学生既能够训练能力，又能用自己所学为社区服务。

第三，针对课程论证层面，睿升学校为"科创班"学生开设的科技创新课程与国家编制的普通高中课程标准内容高度一致，适应学生全面发展需要，满足学生的个性需求，同时适应社会多样化要求。为了便于读者理解，下面以高中物理学科为例进行讲解。

在新高考改革后选考模式的影响下，物理这一学科的地位明显上升，物理类考生在专业报考时有 80% 选择空间。这也是睿升"科创班"开设科技创新课程的重要指向。通过对普通高中物理课程标准的分析能够看出，睿升的专设课程不仅没有超出国家课程文件的要求范围，而且恰恰是国家课程文件要求的极佳体现。

高中物理课程结构大致可以分为物理必修 1、必修 2、必修 3 和选择性必修 1、2、3 六本书，它们之间的关系和各自倾向大致可如表 4 所示。

绝大多数的学校为选考物理学科的学生开设必修 1、2、3 以及个别选修教材的课堂教学与实验安排，但是针对课程标准中所强调的"物理与技术应用；物理学技术应用对经济、社会的影响"等内容却难以切实落实。睿升学校开设的科技创新课程刚好弥补了这部分遗憾和不足。根据睿升学校的课程设计规划，针对高一、高二、高三不同年级的学生提供不同层次的科技创新课程选择，具体课程安排如下：

表 4 　　　　　　　　　　　　　　　　不同年级学生课程安排

课程编号	课程名称	选课方式	说　　明
A07	天文观测技术	8 选 1	(1)A 类课程为科学与技术类课程 (2)课程绪论由专家教授开讲 (3)理论部分由专兼职科技老师讲授 (4)实践部分由专兼职工程师和技术人员指导 (5)安排学年：高一上学期 (6)实验地点：实践育人基地相关实验室
A08	水土分析技术		
A09	电子电路技术		
A10	无人机原理及操控技术		
A11	数字加工技术及电动工具操控技术		
A12	数字传媒技术		
A13	3D 设计及制作技术		
A14	机器人原理及操控技术		
B15	光伏电站及控制工程	7 选 1	(1)B 类课程为工程与设计类课程 (2)在通用技术课程设计理论及方法后开始实施；每个学生必完成一项工程类设计课题 (3)设计在专兼职教授，工程师及技术人员的指导下完成 (4)设计说明书为工程课程成绩考核的重要依据 (5)安排学年：高一下学期
B16	机器人设计及制作工程		
B17	计算机程序设计		
B18	虚拟仪器设计及应用工程		
B19	物联网设计及应用工程		
B20	火箭模型及控制设计工程		
B21	影视作品设计及后期制作工程		
C26	中(英)文辩论及演讲	3 选 1	(1)C 类课程为语言与艺术类课程 (2)由专兼职专家老师讲授 (3)高一上：2 选 1(C26 与 C28) 　　高二下：2 选 1(C27 与 C28)
C27	中英文翻译技巧及训练		
C28	影视作品鉴赏		
D30	仿真数学实验平台	5 选 1	(1)D 类为数学与编辑类课程 (2)专兼职教授和老师讲授
D31	运筹学		
D32	数值分析与计算机语言		
D33	数学建模		
D34	数学思想与自然科学		
D35	自动控制理论初步		
E38	科技前沿与科技创新	必选	院士教授讲座

　　针对课程内容进行分析，不难看出，课程编号为 A、B 的课程内容都可以在物理课程标准中找到依据。具体如表 5 所示：

表 5   科技创新课程与课程标准一致程度

课程编号	课程名称	所属模块	教学实施
A07	天文观测技术	必修 1、2	对物理双基知识的灵活应用
A08	水土分析技术		
A09	电子电路技术	选修 2、3	电磁学
A10	无人机原理及操控技术		
A11	数字加工技术及电动工具操控技术		
A12	数字传媒技术		
A13	3D 设计及制作技术	选修	了解物理知识与技术应用
A14	机器人原理及操控技术	选修	
B15	光伏电站及控制工程		
B16	机器人设计及制作工程		
B17	计算机程序设计		
B18	虚拟仪器设计及应用工程		
B19	物联网设计及应用工程		
B20	火箭模型及控制设计工程		热学、力学、电磁、原子物理

从上表可以看出，睿升的科技创新课程覆盖了国家课程文件《普通高中物理课程标准（2017 年版、2020 年修订）》所要求的课程模块。同时，这些课程对于高中物理课上学生动手能力缺失、知识与实践二者联系不足等问题有了很好的回应，是破解当前高中理科教育问题困境的一剂良方。

另外，睿升学校"科创班"的科技创新课程不仅覆盖了国家课程文件要求的所有知识要点，还对学生的实践能力、物理学知识与技术的应用等内容进行了强化和拔高。睿升人有理由相信，参加科技创新实验班的学生在得到与理科火箭班同样的正常课程教学之外，在物理学科、机械技术学科等多个方面还会有更好的发展机会。

第四，针对运作机制层面，睿升认为"科技育人"运作机制模式和方法应基于学校教学、学生管理、硬件设备、后勤工作等多方合理、高效以及有目的的配置之上。这种配置一方面要服从于学校总体工作要求的资源优化组合，更重要的就是各方资源配置形成的总体系一定要是开放的，即体系必须要与真实的生活案例和科学情境不断交流，尤其是在信息技术这一方向。

睿升学校"科技育人"运作机制主要指的是管理人员、财物等硬件条件的配置，包括数量、质量、所属和支配权等，以及基于这些信息、物质的组织和流动。"科技育人"运作机制的硬件配置首先是学校教师的参与，包括科技专任教师、科任教师、班主任教师、学校管理教师等，其中担任科技创新课程教学任务的学校老师应该是主力军。此外，"科创班"的专项经费、设施建设、学生活动时间、活动场地以及学生管理协调等，都是"科技育人"运作机制得以顺利落实的基础因素。总的来说，睿升学校面向学生全面综合素养发展和高考评价现状和发展趋势，以培养学生的综合素质尤其是创新协同素质为目标，运用动力机制、激励机制、约束机制等多种机制，引导、鼓动、激励学生积极参与科技工作，提高学生综合素质，以便更好适应未来人才需求，培养高质量的毕业生，促进学校的发展。

三、科技创新实验班条件保障

在学校领导的高度重视下，睿升学校于 2010 年创设教育实践育人基地，2012 年新建多功能实验大楼，力求为学生提供更好的实践育人平台。之后几年，学校不断斥资增加对实践基地的投入，目前学校的多媒体演播厅设备齐全，计算机网络中心配置先进，天文台、航空航天室、机器人研究室、太阳能光伏发电场地、工艺制作室、水土分析室、仿真实验室等一应俱全，方便学生的多元化发展。目前睿升学校已建设了八大实践基地，其功能设置如下：

(1)数控与机电技术实践基地：数控机电及控制技术实践基地与学科的结合点主要在于要和中学基础教育中的数学、物理、化学、生物等学科课程配套，为之提供实践的平台和服务。本基地主要涵盖"技术设计、技术试验、技术制作、技术探究"等功能。通过科技创新学习实践，学生自主设计及制作各种智能机器人、创新发明、航空航天模型等作品，参加市、省、全国、国际不同级别的机器人大赛丙获得众多奖项。

(2)传媒技术与数字媒体制作实践基地：该实践基地拥有专业的视频影像拍摄设备和后期制作设备，能满足学校各种活动的摄像及图片记录工作。学生在该基地通过理论学习和实践操作，能初步具备独立制作个人短片的能力。睿升学校的校园新闻视频、学校宣传片、机器人宣传、班级怀念短片、科技研究视频等都是在该实践基地制作完成的。

数控与机电技术实践基地

传媒技术与数字媒体制作实践基地

（3）光伏新能源与 DCS 控制实践基地：光伏发电 DCS 智能监控实验室可以供学校学生参观，参观交流配电柜、升压并网装置等，激发学生学习新技术的兴趣，培养学生的探索精神。在该实践基地，让学生可以学习光伏发电光电转换、光伏逆变、光伏发电并网、光伏控制及通信等内容。

光伏新能源与 DCS 控件实践基地

（4）VR 虚拟与仿真实践基地：这是以现代 VR/AR 编程渲染技术结合华师京城数字化教育教学解决方案为基础，按照武汉睿升学校初高中学段信息化教育的阶段性研究成果所建成的全方位数字化虚拟与仿真实验基地。学生和老师可以借助 3DVR 设备（头盔与交换控制器）进行虚拟世界的沉浸式体验，真实感受和观测大到天体宏观世界小到细胞微观世界的奇幻过程与自然现象。武汉睿升学校专门组织负责老师与技术人员，设计 VR 虚拟与仿真实验基地，涵盖数、理、化、生四门学科，能实现 VR 演示实验、分组实验、个人独立仿真等具体的教学实践活动。

（5）天文观测实践基地：睿升学校的天文观测实践基地主要与中学基础教育中的天文、地理、气象等课程配套，为之提供观察与实践的平台和服务。学生可以在该实践基地实现数理演算、空间想象和直观观测。

VR 虚拟仿真实践基地

天文观测实践基地

（6）水土分析实践基地：水土分析实验站在"以实践促教学"的高度，与中学的化学、生物、环境等知识相结合，通过实践创新活动启迪学生心智潜能，多角度激发学生对生物和化学等学科的思维方式。

水土分析实验基地

（7）3D 建模与 3D 打印基地：近两年，3D 打印技术发展迅速。学校通过将创客教育理念融入教学，引导学生"玩以致学"。3D 建模与打印基地的建成，促进创客教育模式在睿升的形成落实，成为睿升科创教育的新特色。

3D 建模与 3D 打印基地

（8）机器人研制与科创竞赛基地：机器人研制与竞赛是一个极富挑战性的高技术密集型项目，这一项目课程与基地的开设一直是睿升学校的特色之一，也得到了全校师生及家长们的喜爱与欢迎。近年来，睿升学校学生自主设计及制作的各种智能机器人，在市、省、全国等各种级别的比赛中屡屡夺冠，获取金、银、铜等不同级别的奖项，为学校争得了荣誉。

机器人研制与竞赛基地

武汉睿升学校在组建完整的校内实践基地的基础上，又结合学校实际进行了一系列的探索和实践，并对学校进行了一系列课堂教学改革，通过这些软硬件的打造与实践，与重点高校及科研机构的相关实验室展开共建和交流合作，组建相关学科与高校实验室和科研机构鉴定学科实训基地。如：人形机器人研制方面的项目合作及化学研究所、材料实验室等实验基地等，这些都为学生的科技创新活动提供了更多的实训、实习、参观、交流的机会。

四、科技创新实验班实施效果

睿升学校的科技创新实践充分激发了学生的好奇心和创造力，为许多学生开创了一片新的天空。在这里孩子们可以利用各种先进的仪器发挥想象，发明创造，开发智力，提前接触社会，培养探索精神。

在 2016—2017 年两年的时间里，睿升学校实践育人基地共申请了 6 项专利。其中 2 项已经授权。学校组织了 5 项科技成果参加"武汉市第五届发明创新大赛"，获得 1 金 1 银 1 铜 2 优秀奖的优异成绩。2017 年 10 月，武汉睿升学校有两项发明创造得到了中国发明协会的推荐，赴德国纽堡参加国际发明展。

在科技专利成果转化方面，睿升学校高中生张力文发明的"出门提醒器"被企业签约。2018 年 4 月 26 日世界知识产权日当天，武汉市科技局、武汉科技成果转化服务中心携武汉恒宁新能源公司领导特意在学校举行了科技成果转化签约仪式，武汉晚报、楚天都市报等多家媒体进行了专门报道。中学生的发明成果被企业签约在武汉市具有开创意义，对于学校继续深入探索实践育人有效途径也起到了极大的鼓舞和激励作用。2017 届科技创新实验班的学生通过一年的科技创新课程学习，培养了科学精神、创新意识和实践研究能力，并且在学生的一些科技课程作业或者实训中都有所体现。例如：学生设计的校园机器人、智能防鼠灭鼠器等创意正在科技老师的指导下向实物转化迈进。

自 2011 年参加国际机器人奥林匹克竞赛起，武汉睿升学校已经累计获得 23 块奖牌。其中，2016 年在澳大利亚举办的第 18 届国际机器人比赛中更是斩获 2 金 3 银 1 铜奖牌，创历史新高。除了传统的机器人比赛优势项目外，学校还在 VR 虚拟机器人编程等新兴项目上获得了全国金牌。近十年睿升学校的获奖情况如表 6 所示。

表6　　　　　　　　　**武汉睿升学校各级实践活动获奖统计表**

年份	市级	省级	国家级	国际级
2011	二等奖 1 人次 三等奖 3 人次	一等奖 2 人次	银牌 4 人次 铜牌 1 人次 一等奖 4 人次 二等奖 2 人次 三等奖 3 人次 团体总分一等奖	特别奖铜牌 5 枚

续表

年份	市级	省级	国家级	国际级
2012	一等奖 7 人次 二等奖 13 人次 三等奖 8 人次		金牌 4 枚 银牌 4 枚 铜牌 3 枚 一等奖 7 人次 二等奖 8 人次 中学组团体总分一等奖	铜牌 6 枚
2013	一等奖 4 人次 二等奖 4 人次 三等奖 5 人次	一等奖 1 人次 三等奖 2 人次		铜牌 5 枚
2014	一等奖 4 人次 二等奖 5 人次 三等奖 7 人次	二等奖 2 人次 三等奖 8 人次	金牌 6 枚 银牌 1 枚 铜牌 1 枚 二等奖 3 人次 中学组团体总分一等奖	银牌 2 枚
2015	一等奖 5 人次 二等奖 2 人次 三等奖 2 人次	一等奖 2 人次 二等奖 2 人次 三等奖 1 人次	金牌 8 枚 银牌 5 枚 铜牌 4 枚 一等奖 20 人次 二等奖 10 人次 三等奖 6 人次	银牌 2 枚 铜牌 15 枚
2016	金牌 1 枚 银牌 1 枚 铜牌 1 枚 优秀奖 2 人次		铜牌 1 枚	金牌 2 枚 银牌 3 枚 铜牌 2 枚

在学校的大力支持、科技创新课程老师的专业指导下，睿升学子屡创佳绩，为国争光。

　　2015 年 12 月，睿升学子前往韩国富川参加国际机器人奥林匹克竞赛，获得 8 枚金牌，5 枚银牌和 4 枚铜牌的优异成绩。

　　2015 年夏季，武汉睿升学校还作为国际机器人奥林匹克竞赛在中国区的承办单位，开展比赛。

2016 年 12 月，睿升学校组织代表队参加在澳大利亚格里菲斯大学举办的世界机器人大赛，获得 2 金 3 银和 1 铜奖牌的优异成绩。

2017 年夏季，睿升学子参加在德国汉堡举行的世界机器人大赛，荣获 2 金 1 银 1 铜奖牌的优异成绩。

2018 年夏季，睿升又成功举办中日高中生科技创新峰会，邀请来自中国、日本和韩国等多个国家的学校和专家参与，展示了睿升学校的教学实绩、睿升学子的积极面貌，也显现了中国作为科技大国不断崛起的风采。

更为难得的是，睿升学校"科创班"的学生全面发展，不仅在学习方面表现优秀，更是在发明创造、动手实践方面有独特的想法。不少学生的科技发明还被新闻报刊报道，激起极大反响。

睿升学校**李翔**同学基于所学知识与生活经验，发明了"栈桥式捕鼠器"。这一发明还被中央电视台科教频道《我爱发明》栏目组专题报道，制作成专门的节目在全国播出，引起了舆论的广泛关注。

　　这样的例子在睿升学校的"科创班"还有很多。**高闻泽**同学从小便对航模产生了浓厚的兴趣。2012 年在科创课老师的指导之下，高闻泽认真钻研，自主设计了一款飞行器。这一设计的亮点在于飞行器的能量是由暗物质与显物质碰面时湮灭产生的能量提供，这一构想得到科创老师的赞扬。虽然高闻泽后来考虑到高考的需要，放弃了航模，选择音乐专业，但他将自己在科技实践活动中善于动脑、科学思考的能力迁移到艺术专业的学习当中。在当年高考时，高闻泽获得了武汉音乐学院专业测试全国第一名的好成绩，文化成绩同样名列前茅。

　　熊家豪同学参加了学校光伏发电兴趣小组，在实践活动中提出了"重力发电"这一设想，并为之尝试设计方案。这一大胆设想得到了李水生校长的热烈赞许。

　　在课外实践活动中，老师发现**李昌明**同学特别擅长动手制作，因此推荐他参加了机器人校本课程的学习。在之后的机器人创意项目开展过程中，他的动手能力慢慢体现，并逐渐趋于规范。最终，李昌明同学在全国机器人奥赛中获得金牌，被选入国家队参加国际机器人奥赛。虽然在国际赛场上英语的弱项导致他向更高水平冲刺受阻，但是归国后李昌明同学发奋学习，成绩一路稳步上升，最后高考时成功冲上了一本线。

　　谢云天同学在高一通用技术课上感受到设计理念及科技进步的魅力，主动申请报名参加机器人课外活动小组，并以极大的热情担任了机器人竞赛小组的组长。在开展课外实践活动的过程中，谢云天提高了组织能力及表达能力，多次在校内外科技展示和国内外机器人竞赛中获得奖牌。他对物理特别感兴趣，只要一有时间就泡在实验室里。他利用学校仿真物理实验室学习物理，在实验中掌握物理知识，成绩一路飙升，一跃成为物理尖子生。

　　袁世煌同学参加机器人课外活动学习小组时，很快就被老师发现电脑程序设计方面的天赋，别的同学编普通程序需要 20 分钟，他只需要 5 分钟就能完成，而且他的机器人模型和编程成果比其他同学更精致。对编程建模的投入让袁世煌同学找回了丢失很久的专注感和成就感。同时更让他感到欣慰的是，原来一直落后的数学成绩，在"算法语言"阶段的考试中，一跃成为全班第三名。这大大地增强了他的学习信心，由此激发了对数学学习的兴趣。

学校管理：从教师、课堂、学校三方入手

　　管理的目的是追求和实现确定性与安全感，引领管理过程和手段，影响管理结果。[①]
而学校作为一种社会组织具有鲜明的性质和特点，是教书育人的场所，需要实现多个目
标，包括国家规定的教育目标，学校的组织目标(学校的生存与发展)，公众目标(社会各
界及学生家长对学校的期望值)，等等。[②] 而实现这些目标离不开学校各方人员多方面的
层层管理与付出。学校管理是整个学校各项工作平稳推进的重要组成部分，也是保障教学
秩序正常运转、课堂教学活动顺利开展、教学计划顺利实施的关键核心。因此一个成功的
学校其学校管理必定存在先进之处。

　　根据统计，高中生每周在学校的时间超过 118 小时，约占总时间的 2/3，因此，学校
对他们的影响不容忽视。[③] Konstandtopolus 研究发现，导致学生学业成就差异的大部分原
因来自学校内部而并非是学校之间，[④] 这就表明，教师教学能力、课堂氛围、学校属性、
同伴影响、极端学生等多方面的校内因素对学生学业成就影响巨大。这也印证了哈蒂教授
的观点，即学校最显著的影响与学校自身特点有关。[⑤] 据任文学调查研究表明，80%的学
生复读时会选择封闭式学校，这意味着学校对他们的影响比对应届生的影响更大。[⑥] 学校
制定相应的规章制度，要求学生严格遵守开展工作，合理调节与控制教学管理过程中任务
的部署、目标的实现以及具体的实施步奏，最终便能达到所需要的成效。[⑦]

　　基于已有的国内外调查与研究，睿升人认识到学校管理对学生学习存在重要影响，因

---

　　① 张东娇. 论当代高等学校管理的目的、取向和手段[J]. 北京师范大学学报(社会科学版)，2020
(04)：17-24.

　　② 夏明生. 学校管理工作的重要性[J]. 科学大众，2006(06)：57，61.

　　③ 参见高中文科学霸周末作息时间表及每周学习计划(2019)。

　　④ Konstandtopolus, S. Trends of School Effects on Student Achievement：Evidence from NLS：72，HSB：
82，and NELS：92(No. 1749)[M]. Bonn, Germany：Institute for the Study of Labor, 2005.

　　⑤ [新西兰]约翰·哈蒂(JohnHattie). 可见的学习——对 800 多项关于学业成就的元分析的综合报
告[M]. 彭正梅，邓莉，高原等，译. 北京：教育科学出版社，2015.

　　⑥ 任文学. 基于学生发展的高三复读生管理探究[J]. 教育教学论坛，2014(25)：18-19.

　　⑦ 方晨晨. 浅谈高校教学管理工作的重要性[J]. 才智，2020(14)：70.

此针对教师、课堂与学校三个方面，共计 10 个要素展开研究分析，借助学生访谈结果得出针对性的提升对策与建议，对症下药，致力于提升学生的学业成就。

一、教师对学生学业成就的影响

新课程改革强调在教学过程中要遵循教师主导与学生主体相统一的规律，教师在教学过程中发挥主导作用，学生学习的方向、内容、质量等都离不开教师的指导。另外，学生的学习方式以及学生学习的主动性也与教师的指导息息相关。对于学生来说，教师与他们的关系不仅是知识授受，而更像同一个战壕里的战友，一起向着取得优异的高考成绩这一目标努力。因此，教师与学生需要大量的时间来磨合。睿升基于多年的实践经验，主要从教师学识、情感以及支持三个要素来探讨教师对学生学业成就的影响。

1. 教师教学能力的高低会影响学生的学业水平高低

国外学者 Hargreaves 曾提出："从某种意义上说，教师的专业性问题主要是教师教学水平的提高、专业知识与技能的发展等问题，也即是教师教学能力的问题。"[①]从中睿升学校得出教师的教学能力包括了其自身知识水平以及教学水平两方面。对于高中学生，初中知识基础不太好的学生希望能在高中三年的时间里将高中知识点系统梳理并掌握，中考成绩较好的学生则会希望在高中三年的时间里继续保持，稳居前列，这些都高度依赖于教师课堂教学质量。而依据学生访谈结果，睿升人认为教师的教学质量主要取决于自身的知识水平以及所展现的教学水平。

睿升学校发现，教师精深而广博的知识能激发学生的学习兴趣，从而提升课堂的效率。对于教师来说，自身知识储备是他们的宝贵财富，广博而精深的知识可以赋予他们学识威信，使教师在学生心中产生影响力。一方面，教师以精深的专业知识为基础才能做好本职教学工作，将知识点讲解透彻。一位访谈者在谈到他的复读学习生活时提到他的生物成绩提升非常大，当进一步询问生物成绩提升这么大最主要的因素是什么时，他回答主要原因在于老师。因为生物老师在课堂上讲授知识点讲得非常全面又相互联系，就像自带一个知识框架图，信手拈来，比较好地弥补了学生知识漏洞。而且老师会结合当下高考题目，锻炼我们的思维，较为实用，学生都认为这个老师个人能力非常好，素养较高。从学生的描述中我们可以看出该生物教师有着非常精深的生物学科知识，在教学过程中能加入

---

① Hargreaves, A. & Lo, L. N. K. The Pradoxical Profession: Teaching at the Tum of the Rentury [J]. Prospects, 2000, 30(02): 167-180.

自己的见解理解，让学生信服的同时也能更高效开展学习活动。另一方面，广博的文化基础知识能增加教师的文化底蕴，激发学生的学习兴趣。对于教师来说，增加个人魅力是提升教学效率的重要手段，而广博的文化知识基础则是教师魅力的源头。另一位被访学生表示自己最喜欢的老师是物理老师，因为他的教学风格受学生喜欢，课堂并不那么沉闷，讲题时会穿插其他领域的小知识，例如讲磁场的时候，他会普及奥斯特的生平，学生都有一种"他怎么什么都知道"的感觉，很愿意听他讲课。可以看出，物理老师广博的知识让该学生对其产生了崇拜之情，也让课堂变得生动有趣，以此提升学生的学习兴趣。睿升人提出高中生正处于认知发展中的形式运算阶段，这个阶段的学生强调主体性与主动性，学生从内心认同，愿意跟着教师学习，才能有效发挥教师的教学作用。

睿升人还发现，教师高超的教学水平能获得学生情感上的认同，增加学生的学业自信。对教师来说，教学水平包括了教学内容、教学态度、教学原则、教学方法、教学策略等方面，这些因素会影响学生课堂知识习得的效率从而影响学生的学业成就。另外，教学水平可以划分为记忆水平、解释性水平、探究性水平三个等级，[①] 不同水平等级的教学所能达到的目标也是截然不同的。对于高中生特别是备战高考的高三学生来说，学习时间紧迫、任务繁重，教师的教学水平对其学业成就有着重要解释作用。一方面，教师教学水平需要达到解释性理解水平。一位被访的高三复读生表示自己生物学科的成绩提升很大，她认为主要得益于她的生物老师，应届高三的生物老师讲得很难让人理解，但现在的生物老师讲得特别好，例如遗传概率相关题目之前她完全不会计算，但是现在的生物老师会先讲清楚过程，然后仔细讲解每一步计算，最后给学生几个变形的题目练习，学生基本上就都会了。从该复读生的描述中，可以看出这位生物老师致力于让学生理解知识，在理解的基础上，让学生在一定范围内运用所学的知识来进行巩固，这种解释性理解水平是符合高三复读生这个阶段需求的。另一方面，除了教师教学内容、教学方法等方面外，教师的教学态度也对学生的学业成就有重要影响。例如睿升访谈的一位学生这样阐述："我觉得教师的影响还是很大的，比如说遇到很愿意跟你讲解题目的那种老师，你就会觉得自己还是很想学习的；如果老师给你讲题的时候很凶，或者是很不耐烦，不停抱怨这么简单题还要问这种话，自己本来想学都会变得不想学。"该学生所描述的让她产生厌学情绪的教师缺乏积极的教学态度，让学生对这门学科产生厌烦心理，从而影响学习状态。高中生在高考压力之下心理会比较敏感，尤其是经历过一次失败的高三复读生，因此需要教师更多的耐心和理解。

综上所述，教师的教学能力涵盖了教师自身知识水平以及教学水平，教师不仅要有广

---

① 陆如俊. 教师教育精神的事业[M]. 上海：上海教育出版社，2016.

博而精深的知识，还需要有能将自身知识教给学生的能力；另外，教学水平不仅包含教学内容和方法，还包括了教学态度。因此，睿升学校提出教师不仅要树立终生学习的理念，不断提升自我教学能力，树立学识威信，还需要端正自己的教学态度，让自己从内心热爱教师行业，对学生耐心负责，认真完成各项教学工作。

2. 教师期待值的高低会影响学生的学习动力

现如今教育系统中被广泛接受的一个观点是：教师的确拥有对学生能力和技能的期望，这些期望的高低会对学生的学业成就产生影响。[①] 睿升通过查阅资料和多年实践发现：教师对学生的期待并不是直接对学生的学业成就起作用，而是通过促进中间变量——学习动机来提升学生的学业成就。对于高中生来说，来自教师的支持与肯定能让学生切实感受到自身的潜力，从而增进他们学习的信心和动力。

睿升人提出教师需要深入了解复读生的身心，给予合适的期待。根据罗森塔尔效应，教师对学生的期望值对学生学业的成功有巨大影响，[②] 但是并不是教师期待越高效果越好。教师所流露出的过高期待会给学生一定的心理压力，而过低期待则会打击学生的自信心。因此，教师需要充分了解学生，给予不同学生符合其特征(学习能力以及性格特征)的期待。一位被访睿升复读生表示复读期间他的语文成绩提升幅度较大，并且自己可以明显感受到语文老师对他的期待，课堂上经常被点名回答问题，因此他很喜欢上语文课，学习语文的劲头充足。在部分学生眼中，教师一般会给予那些寄予厚望的学生更多参与教学的机会，因此这位学生能从其语文老师点他回答问题这一举动当中感受到老师的关注和期待。并且，该生自身是渴望得到教师关注期待的，因此教师对他的期待激发了该学生的学习动力，从而促使他更努力地学习。这位学生在感受到教师的期待时给予的反馈是更努力的学习，但有些学生在感受到老师过高的期待时，反而心理压力会过大。例如，另一位被访学生属于从小被父母设置很多要求的学生，他说："我感觉老师有时候对我说我可以考到多少分，我反而会感到很烦躁，经常怀疑自己万一考不到就会对不起所有人，最后反而导致学习状态不好。我希望自己在课堂上做一个透明人，默默地学习。"对于这种类型的学生，教师如果表示出过高的期待，就容易物极必反，导致学生焦虑不安，对其学业成绩产生消极影响。因此，睿升学校提议教师应该对每个学生都有期待，但是对于不同性格的学生，要给予不同程度的期待，采用不同的表达期待的方式，为学生的身心健康着想。

---

① Dusek Jerome B., Joseph Gail. The Bases of Teacher Expectancies: A Meta-analysis[J]. Journal of Educational Psychology, 1983, 75(03): 83-87.

② [美]罗森塔尔·雅各布森. 课堂中的皮格马利翁：教师期望与学生智力发展(第2版)[M]. 唐晓杰，崔允漷，译. 北京：人民教育出版社，2003.

　　睿升基于学生的成长提出，教师需要更多强调高中生的进步。根据韦纳的成败归因理论，学生将自己的成败归因于内部、稳定的、可控的因素时会更利于学生学业成就的获得。[①] 能力属于学生内部的、稳定的且不可控的因素，教师在给予学生期待时，如果过于强调高中生能力而不关注其他方面，会让学生产生习得性无助。特别是针对高三复读生，这是一个较为特殊的群体，由于每个学生先前的知识基础存在较大差异，不同学生所能达到的高度也是不同的，因此教师应该关注的是学生的进步情况，并给予一定的肯定与鼓励。同样对学生开展访谈调查，一位被访者在被问及教师评价时表示：自己所在班级的班主任给学生的评价相对来说比较积极，多使用鼓励性的话语措辞，因此自己在高中三年的学习过程中整个状态是积极进步的，班主任的鼓励性评价对他的激励影响还是很大的。该名学生所描述的班主任的鼓励性评价，折射出来的其实是教师对学生一点一滴进步的肯定，以及对学生的期待与肯定。不断的进步就是学生学习的价值，教师应该从进步的角度去看待、评价学生。相反，另一位被访复读生表示自己没感觉到教师对自己什么期待。她说："可能我的成绩在班上不是数一数二的，所以老师对我没什么期待。"睿升深入分析该同学的成绩变化时发现，其实该学生复读期间的进步非常明显，但是由于该生所在的班级是复读中比较好的班级，所以在班上学习成绩不算"拔尖"。由此睿升得出，教师忽视的态度会传递给学生消极的情绪，消磨学生的学习积极性。教师应该去肯定每一位学生所获得的进步，而不是因为名次不靠前就忽略了对其进步的积极反馈。

　　总之，教师适当的期待会增进学生的学习动力，从而影响学生的学业成就。但是睿升提议教师也需要关注到学生的不同特征，对不同特质的学生采用不同的方式给予不同的期待。另外，针对复读生这一特殊群体，教师需要注意关注复读生所获得的进步成长，而不是着眼于暂时的分数。教师对学生进步的关注一方面能激励学生的学习，另一方面也能影响学生对自己的成败归因，从而影响学生的学业成就。

3. 师生之间的关系同样会影响学生的学业成就

　　在 Cornelius-White 的研究中，当学生、家长以及校长被问到是什么影响学生的学业成就时，所有人都强调了"师生关系"这一因素，[②] 可见，良好师生关系的建立对学生来说是非常重要的。新课程改革强调新型的师生关系应该民主平等、和谐亲密、尊师爱生，相互信任、合作对话、教学相长等。对于面对高考压力的高中生(尤其是复读生)来说，心理压

---

① ［美］伯纳德·韦纳. 动机和情绪的归因理论［M］. 林钟敏，译. 福州：福建教育出版社，1989.

② 　Jeffrey Cornelius-White. Learner-Centered Teacher-Student Relationships Are Effective：A Meta-Analysis［J］. Review of Educational Research，2007，77(01)：105-109.

力较大，内心较为敏感，尤其是场依存型学生，教师对他们的态度，以及学生与教师之间的关系对其学业成就有重要的解释作用。

睿升发现，相互尊重、相互信任的师生关系是教学相长的桥梁。在睿升学校，高中生与教师的关系更接近于同一战壕当中的"战友"，面对高考这一挑战，战友之间的相互信任与尊重是必不可少的。学生与教师之间的相互信任和尊重构建了一座传输知识的稳固桥梁，既能够促进学生的学业成就发展，也会反作用于教师的教学能力，最终达到教学相长的效果。在高考结束后的访谈中，睿升学校曾听到过一个非常令人惋惜的故事。有一位女生学习非常努力刻苦，心态积极向上，但是高考红榜上却没有出现她的名字。据其他学生描述，她的真实成绩水平其实比较高，只是之前被数学老师伤过一次。她原本月考时经常是班内第一，有一次考试她发挥特别好，分数比之前都要高，但是她的数学老师在另外一个班说她作弊，认为她考这个分数，肯定有水分。从那次开始她的心态就不平衡了，上课时候经常睡觉不听讲，最后成绩也慢慢下滑了。在这个案例中，首先，该数学老师在没有任何证据的情况下就说出学生"作弊"这种言论，说明缺乏对学生最基本的信任；其次，该教师在公共场合散播这种言论，丧失了对学生最基本的理解和尊重；最后，该教师事后并未道歉，忽视了该学生的潜能，同样也忽视了该学生的付出和努力。在青少年这个敏感而又骄傲的年纪，高中生非常需要得到外界的尊重与信任。而故事中的数学教师这种"不分青红皂白诬陷学生"的行为，无疑将学生的自尊心碾压成了粉末，让学生对学习产生厌恶情绪，最后将这种情绪表现在日常的学习行为上，通过睡觉这一举动进行无声的反抗。如果该数学教师在学生取得优异成绩时，给出的反馈是信任和鼓励，相信学生的为人，那么现今的红榜上是否就会多一个名字？因此睿升学校将师生关系放在一个重要的层面，提出"让教师做学生最亲近的人"这一口号，力争让学生从教师那里感受到温暖和尊重，建立师生之间相互信任尊重的教学关系。

针对复读生这一特殊群体，睿升学校通过多年针对性的研究探讨发现，亦师亦友的师生关系是复读班级的调和剂。"亦师亦友"要求教师对学生严慈相济，与学生平等对话。相较于应届生，复读生学习压力更大，而且情绪波动更剧烈，因此更需要教师的关心和融洽的师生氛围。值得注意的是，很多学生上一次高考失利的原因是自制力不够，因而也需要教师对他们严格要求。另外，高三复读生不论是在生理还是心理层面都已经接近于成年人了，教师与他们平等对话，将学生放在与自己平等的地位，和谐、融洽地沟通，能够给学生一种被尊重的良好感觉，这种氛围更有利于学生学业成就的发展。根据一位被访复读学生的回忆，他们班学生都非常喜欢物理老师，和物理老师相处也非常融洽，班级物理成绩整体提升也很大。"我们物理老师会让你又爱又恨：上课的时候很认真，学生走神也会严肃批评你，但是下课就会和朋友一样相处，偶尔还会跟班内男生一起打球。总结来说平时相处很轻松，上课又会有一些紧张的感觉，大家听得比较认真。"从该生的描述中可以发现，该物理老师与学生的关系亦师亦友，上课时他的角色是严师，下课时其角色转变为朋友。从教师的角度来看，这种融洽的关系能让教师与学生走得更近，更加理解和了解学生；从学生的角度来说，严慈相济、亦师亦友的相处模式可以让学生对教师产生充分的信任，从内心认同教师，从而增加学习的积极性。另一位被访者表示班主任对她的影响很大。据她所说，高一开学时她的学习状态很不好，所以班主任经常找她聊天。而且聊天时班主任并没有重点批评她，而是跟她一起分析原因找出问题所在。这位学生表示这是她第一次感觉被当成了一个成年人，被成年人信任和认可。从她的描述可以看出，该教师把学生当成与自己平等的个体，与学生进行平等的对话。从多位学生的访谈结果中，睿升得出教师正确的角色定位有利于构建良好的师生关系，从而影响学生的学业情绪。因此教师应当与学生构建和谐平等的师生关系。

总之，睿升发现师生关系并不是直接影响学生的学业成就，而是通过对学习动力、学业情绪等中介因素产生影响，从而影响学生的学业成就。对于高中生特别是高三复读生来说，良好师生关系的构建十分必要。教师应该秉持互相尊重、互相信任、严慈相济、和谐平等的理念与学生相处，努力构建一种亦师亦友的平衡关系。

二、课堂对学生学业成就的影响

高中生在学校的大部分时间都置身于课堂之中，获得知识的主要场所也是课堂。毋庸置疑，课堂对学生的学业成就起重要解释作用。董研学者提出对学生学业成就产生影响的课堂因素包括课堂氛围、同伴影响、极端学生(爱捣乱的学生)等。[①] 在实际调查中睿升人发现，高中生在课堂上的行为表现主要可以划分为三种类型：一是以自学为主，课堂上自己做题自己修改，课后听家教老师讲解(常见于高三、复读生课堂)；二是以老师讲授为主，课堂上认真听讲，课后完成老师布置的作业。除此之外，还有少部分学生放弃学习，在课堂上睡觉或者做与学习无关、自己感兴趣的事，但不会干扰课堂教学。因此，针对如上三种类型，睿升学校所研究的课堂因素主要包括课堂氛围、同伴影响这两方面。

1. 良好课堂氛围有利于提升学生学业成就

David 研究了各种课堂因素对学生学业成就的影响，发现良好的课堂氛围对学生的学业成就有着积极影响，研究指出良好的课堂氛围表现为教师对课堂的良好管理以及课堂中

---

① 董研. 学业情绪与发展 从学业情境到学习兴趣的培养[M]. 合肥：安徽教育出版社，2012.

的团体凝聚力。① 高中生会不自觉地将高中课堂氛围与初中课堂氛围相比较，从而影响自身情绪体验。特别是对于复读生这一群体，高三的课堂氛围已经对他们产生了不可磨灭的影响，学生会不自觉地将新班级的课堂与之前的课堂进行对比。因此，班级内良好的课堂氛围显得极其重要。

睿升发现，良好的课堂管理可以提高学生的学习参与度，从而提升听课效率。睿升定义良好课堂管理的外在表现为课堂氛围轻松活跃、课堂情绪积极向上等方面。对于高中生来说，过于严肃的课堂会让本就晦涩难懂的知识难以被学生接受，而相对轻松的课堂氛围则能更大程度地调动学生学习的积极性。一位受访学生表示："我很喜欢上英语课，因为英语课听起来很舒服。虽然英语老师有时候也会严格要求我们，但是课堂上她偶尔会讲一些段子来调节气氛，学生偶尔能轻松一下，就会很愿意上英语课。"当进一步询问这种课堂氛围对其学习成绩是否产生影响时，她继续回答："当你愿意上这门课的时候肯定会认真听讲啊，最终反映到成绩上肯定会有影响。"从该学生的描述当中睿升老师发现，这名英语老师对课堂有着良好的把控，善于营造轻松、活跃的课堂气氛，这能有效地调动学生学习的积极主动性，提高学生的学习参与度。反观另一位被访学生，在谈到课堂氛围时，他着重强调："我感觉我最害怕上物理课。因为我的物理老师课堂非常枯燥，对学生严格要求。虽然他讲得很好很深入，但是他只顾自己想、自己讲，我又是那种物理不好的学生，很容易跟不上，进而产生害怕、焦虑等消极情绪，最后不愿意上课。我的物理成绩的提升基本靠自己刷题自己看答案。"对于这位被访学生来说，即使物理教师的教学能力很强，严肃而沉闷的课堂氛围还是阻碍了他学习的步伐。由此可见，对于高中生来说，学习时间紧迫，严格管理必不可少，但是也不能将课堂变成枯燥的单向知识传输过程。教师需要时刻关注学生的状态，营造积极活跃的课堂气氛，激发学生的学习兴趣。

另外，睿升还发现，良好的课堂凝聚力能够营造积极的学习氛围，激发同伴之间的良性竞争。积极课堂氛围的主要影响因素就是课堂凝聚力，即所有教师和学生都朝着积极向上的学习效果而努力。Evans 提出课堂凝聚力和学生表现之间的关系是稳定且积极的。② 在凝聚力更强的情况下，更有可能出现同伴合作学习、学生之间关系更积极的学习氛围。这一观点也在访谈时从学生口中得到验证。一位高三复读学生在被访时描述道："我高三时是一个挺活跃的人，每次下课都会找同学玩，中午晚上也喜欢找同学聊天，打打闹闹。复读之后，前几个月班上也较吵闹的，但离高考还有 100 多天时，全班都开始安静下来学

① Loertscher, David V, Marcoux, Elizabeth "Betty". Classroom Instruction That Works: Research-Based Strategies for Increasing Student Achievement[J]. Teacher Librarian, 2012, 40(02): 44-50.

② Evans C R, Dion K L. Group Cohesion and Performance: A Meta-Analysis[J]. Small Group Research, 1991, 22(02): 175-186.

习，很少有人讲话、打闹。如果大家都在学但自己不学，就会感觉不好意思，而且也会吵到别人。复读肯定是想取得好成绩，所以都很拼命，就会有互相影响的感觉。"从该名学生的描述中可以发现，复读班级课堂凝聚力较强，大家都朝着共同的目标努力，身处这种环境，不认真的人自然而然也会努力学习。就像在人流涌动时，自己会被人流裹挟着往前一样。被访谈学生也说感觉自己所在班级氛围很好，大家上课听讲、学习状态都很好，别人都在努力，自己也应该努力。可见，积极努力的学习环境对高中生来说是至关重要的，课堂凝聚力强的环境能对学生学业成就起积极作用。

总而言之，睿升提出良好的课堂氛围有利于高中生学业成就的提升。同时，良好课堂氛围的形成需要教师和学生共同的努力。首先，教师需要把握好课堂的管理，良好的课堂管理要求教师能够识别并快速处理潜在的行为问题，并且保持情感中立。其次，学生之间也要形成良性竞争关系，建立共同的学习目标，合作共赢，共同进步。

2. 积极向上的同伴影响能提升自身的学业成就

Wilkinson 和 Fung 两位学者在研究中发现，尽管同伴很少参与教学与学习过程，但是同伴影响的作用相当大。并且，他们区分了同伴影响学习的多种方式，包括帮助、辅导、建立友谊以及使班级成为学生每天愿意来的地方等。[1] 尤其是对于复读生来说，复读班级是一个全新的环境，与班级同学之间的良好关系会让他们对学习生活产生更高的接纳程度，以此提升学业成就。

睿升学校发现，高中生同伴之间互相的帮助、辅导可以增加双方的知识储备。对于高中生来说，日益相处的班内同学所提供的帮助更容易让他们接受，原因主要有两点：一是同伴之间的关系更加平等、亲密；二是同伴之间在一起的时间更多，无论是在空间上和还是时间上都比向老师请教更加便利。在问到"感觉现在班级同学之间氛围怎么样"时，一位被访学生说道："和初中相比，现在高中班内同学交流更多一些，班内所有学生目标一致。我感觉我们班的氛围很好，大家都很坦诚，下课时同学之间相互都会问一些不懂或者不会的题，学习较好的同学也都很愿意解答，这种关系让我很舒服。"可以看出，该生所在的班级关系非常和谐，同学之间也能互帮互助，这种氛围不仅可以让彼此的学业成就获得一定的提升，也可以让学生很享受在班级学习的时光。另外，还有一位学生也表示相似的意思："我同桌是一个思维很活跃的人，他的解题思路每次很奇妙，我有不懂的问题经常向他请教，每次他给我讲都能让我豁然开朗，与上课听讲的感觉不太一样。我很喜欢和他讨

---

① Wilkinson I, Fung I. Small-group Composition and Peer Effects[J]. International Journal of Educational Research, 2002, 37(05)：425-447.

论难题，课下经常会一起探讨物理、数学，和他坐同桌的时间是我物理、数学成绩上升最快的时候。"可见，同学之间的探讨能让彼此对知识点有更深的理解。高中生最宝贵的就是时间，同学之间的互相帮助既节约了时间，又帮助彼此梳理了知识，无疑是一个双赢的选择。

　　睿升通过访谈还发现，不健康的友谊关系会消耗高中生的时间与情绪，进而影响他们的学习成绩。人都是社会性动物，我们无疑需要群体，需要朋友。高中生和复读生也不例外，在面临较大的高考压力时，他们需要友谊来让学习生活更丰满，朋友之间的互相理解、安慰与支持也可以帮助他们排解学业的压力和生活的矛盾。但是，不健康的友谊反而会对高中生的学习生活造成困扰，从而在一定程度上影响其学业成就。一位被访学生曾说有段时间朋友成为了她的困扰："我刚进高一班级时其实有一个很好的朋友，但是后来我从别人那里听到她曾背地吐槽过我，所以有时候我会很在意她说的话，经常感觉她说的有些话有种瞧不起我的意思。那段时间我常常烦躁，一边知道想这些事很浪费我的学习时间，另一边又忍不住去想，这很影响我的状态。"从她的话语中可以读出，这位被访学生心理非常敏感，朋友说的话能轻易对她造成伤害，让她对自己产生怀疑，进而影响到生活的其他方面，那么这就是一段不健康的友谊。这种友谊处理不当就会变成高考成功路上的绊脚石。另外，在聊到朋友时还有一位复读学生表示："我原来高三时有个关系还不错的朋友，但是她无论做什么事都喜欢叫上我，包括打水、上厕所等。有时候我想写作业，就感觉这样很浪费我的时间。而且有时候我表示拒绝，她还不高兴，我还得顾及她的感受。后来我干脆就一直拒绝她，关系也慢慢淡了，但我的学习状态反而更好了。"在复读这种时间极其宝贵的时候，这位学生的朋友仍然不能理解她的难处，也没有发觉自己对朋友产生了困扰，说明这段友谊并不值得花时间去维护。睿升认为，健康的友谊应该两人彼此相互理解，并且相处起来给人舒服的感觉。而不健康的友谊对个人情绪和心态是一种消极影响，矛盾的产生也是对个人精力的消耗，从而影响学习状态，对学业成就产生负面作用。

　　另外，睿升的调查结果显示，个体之间的良性竞争会使高中生的学习生活更加丰满。需要特别说明的是，在睿升的说法当中，竞争是一种很特殊的关系，不存在正面、负面之分。高中生的同伴关系既包含良性竞争也包含恶性竞争，良性竞争能够激发竞争者之间的胜负欲，增强其学习动力，也能使学习变得更有趣。就像一位被访复读生说的那样："复读最大的收获之一就是遇见了一群志同道合的人，组成了一个共同奋斗的小团体。我们每个人都有自己的目标，都会朝着目标努力。每次在考试前我们会争相鼓劲看谁能把数学最后一道大题攻破，考完试后我们都会分析谁的进步幅度最大。每个人肯定都希望自己考得最好，但是也会互相帮助，一起讨论难题。每次看到其他人在认真学习，我也会自觉学起来。大家心里都憋了一口气，想要在高考时取得理想的分数。"睿升发现该生所拥有的同伴关系就是一种良性竞争关系，大家虽然会相互比较但是更多的是相互帮助激励，手段正当。这种竞争会增加高中学习生活的乐趣与彼此的成就感。而与之相反，恶性竞争是指竞争目的和竞争手段都不正当，影响学习效率。睿升的调查显示，对于复读生来说，恶性竞争是很少出现的，但是在应届高中生中较为普遍。值得注意的是，不论是教师还是学生都要学会杜绝恶性竞争的出现。

综上，睿升针对同伴关系的调查得出，同伴可以帮助提供学业辅导、情感支持、认知重建等。高中生不论在知识掌握还是在心理状况上都相对较为特殊，同伴之间的互相帮助、辅导能让他们在心理上负担更小，也能增进彼此知识的掌握。一段健康、积极的友谊，也能让他们有更好的学习状态。另外，良性的竞争关系也会对学生的学业成就起促进作用，教师应当引导学生开展良性竞争，杜绝恶性竞争的出现。

三、学校管理对学生学业成就的影响

学校管理与学生的学习环境、学习风气以及学习状态息息相关，还奠定了一所学校的校风校训与校园文化。学校作为教育场所，拥有较多教师和学生，那么也需要做好管理工作，让学校正常运转。睿升复读班的一位班主任曾提出：复读学生第一次高考的失败表明其本身必定是存在一些问题，这些问题包括心理、态度、性格、学习等方面。毋庸置疑，对存在"问题"的复读学生的管理与应届高三学生的管理必定是存在差异的，需要对症下药才能有效。高中其他年级的学生的管理同样应有独到之处。另外，武汉睿升学校非常强调对学生自主学习的挖掘，因此在访谈时睿升也将自主学习单独拿出来讨论分析。

1. 班级管理需张弛有致，为学生服务

高中班级的管理主要来自于班主任。班主任除了日常教学工作之外，还关心着学生课余生活、身体健康、精神状态、同伴关系等多个方面。因此，班主任与学生的接触是最频繁的，与学生的关系应该是最密切的，对学生的影响自然也是最深的。高中生（尤其是高三学生和复读生）普遍身心压力更大、更敏感，因此班主任管理风格的不同对他们的身心影响程度也会有所差异。

睿升通过访谈学生发现，班主任的弹性管理风格更适合高中学生。班主任的弹性管理风格是指"使学生在一定规则的约束下，能够有一定程度自我选择、自我决定的权力"。高中生已经具备独立思考的能力，有自己的想法见解，并且他们在高中生活当中渐渐形成了自己的学习习惯，所以这种弹性管理风格对他们来说更加合适。在访谈过程中睿升发现，A班班主任性格温和，对学生严慈相济，严格管理的同时也给予班内学生课下自己调整的

机会，属于民主型管理风格。该班学生皆表示班级氛围很好，没有那么死气沉沉，班主任比较民主，学生很多时候会提一些意见或者想法，班主任都会尊重学生。下课时大家也能互相开开玩笑，班主任也常鼓励学生课下稍微放松休息一下，学生很喜欢这种氛围。可以得出，民主的氛围能够让学生感受到被尊重，能拉近教师与学生之间的距离，从而营造和谐的班集体氛围，进而激发学生积极的学习态度。另一位被访者也谈道："我们班主任会偶尔让我们课间放首歌，或者课间去操场打球。而且有时候吃完晚饭休息时间时他会和我们一起打球。我觉得有时候写作业写累了，去打球是可以放松心情的。但是有的班的老师不让学生打球，如果我在那样的环境中我感觉我一定会因为学习压力大而崩溃。"从学生的描述中可以发现，该班主任是将高中生看作具有独立意义的人，尊重学生的意见，也给予学生适当的自我抉择的权力，这种弹性管理方式除了让学生感受到平等和尊重之外，还能让学生选择适合自己的学习策略，从而更有效地调整自己的学习状态，高效学习。对于高中生来说，班主任的弹性管理风格更利于师生关系的发展，营造良好的班级氛围，从而间接促进学生学业成就的提升。

另外，睿升总结学生的想法发现，过于专制的管理方式会让学生尤其是复读生产生严重逆反心理。据调查，B班班主任属于专制型教师，该教师在学生管理方面坚持自我，不愿意听取学生意见。班上一位被访学生说："其实我觉得我们班一些管理方式存在问题，包括老师的心态等方面。感觉离高考还剩最后一两个月的时候，老师的心态问题有点大。我们班主任其实对班上几个平时成绩比较好的人，期望值还是很高的，但是他唯一会用的方式就是给我们单方面施压。当我们觉得复习计划安排太严、希望得到放松的时候，他并没有考虑自己的复习计划在时间安排方面是否有不合理地方或问题，而是一味地坚信自己的想法。我们有时想跟他谈一谈，包括交流一些别的问题，他也常常拒绝。最后一两个月的时间里，整个班级的学习氛围都不太好，都很浮躁，但是老师虽然知道学生各方面存在问题，却不能理解这种状态产生的原因，总是单纯地生气，没有想过使用其他的方式来解决问题。"睿升深入了解后发现，该教师对班级的管理非常严格，认为学生请求放松的建议（包括听歌和运动）都是"不务正业"，并在管理上被完全禁止。这种专制型的管理风格让班级变得越来越浮躁，但是该教师仍然意识不到问题，甚至拒绝与学生沟通。结果显示，这种自我、独裁的管理方式只会让师生之间的矛盾越来越大，班级氛围也越来越差。根据学生反馈，该班级后期有多名学生由于觉得班上学习氛围不好要求回家复习备战高考。通过进一步了解后发现，后期选择回家学习的学生反而高考发挥比预期要好一些。可见，对于高中生（尤其是正在备战高考的高三学生）的管理不能一味地追求盲目专制，"一言堂"的专制管理方式并不适合高中生，教师应当与学生进行交流，收集学生的意见，适当地改进班级管理模式。

　　总而言之，针对访谈结果睿升提出，班主任要采取弹性的管理模式来对高中生班级进行管理。民主的管理相对专制会更加有效，学生有自己的需求，也需要有调节自我的空间和时间。班主任需要走近学生，与学生平等地沟通，了解学生内心真实的想法，最重要的是，班主任要认真对待和处理学生的意见。另外，适当的放松活动，例如运动以及听歌对高中生来说是调整、放松的有效途径，对学生来说必不可少，教师应当给予学生放松和舒缓心情的机会。

2. 学校生活管理保障会为学生的学业成就保驾护航

　　日常生活是学校生活的重要组成部分，针对倾向于选择封闭式学校的高中生来说更是如此。毕竟学生的一日三餐、学习玩乐、睡觉休息等都在学校完成。学校的生活管理模式、饮食管理以及作息时间管理对学生的学习状态都有重要影响，进而间接影响学生的学业成就。由此可见，学校对学生生活方面的管理也尤为重要。因此，睿升就学校的生活管理进行访谈，汇总分析得出对高中生学业成就产生影响的生活管理主要包括以下几个方面：

　　睿升在对复读生进行访谈时发现，封闭式的管理模式更有利于提高学生学习的专注度。睿升学校是一所寄宿制高中，原则上没有特殊情况学生一般需要住校，每周六下午回家，周日下午返校，武汉市外的学生周末也可以留校休息。因此睿升学校的学生大部分时间都会在学校度过。一方面，封闭式管理可以帮助学生节约时间。一位复读生对复读生活与原高中生活进行对比后表示："我之前的高中就是走读，每天去学校都要花费半个小时，晚上九点下课后回家收拾一下就十点多了，感觉非常浪费时间。如今在睿升每天早上起床十分钟就可以到教室，早上能多读背半个小时的书，晚上还能多做半个小时的题目，感觉节约了很多时间。"虽然一个小时看似不多，但是每天累加起来总数就会很多，一年甚至可以节约出几百个小时。对于复读生来说，时间是无比宝贵的，节约出来的时间可以学习更多的知识点、做更多的题，可以向高考成功的目标更进一步。另一方面，封闭式管理可以帮助学生避免很多外界的诱惑。通过访谈睿升了解到，多名复读生在解释自己复读原因时都提到自制力不够，沉迷于手机、游戏、小说等各个方面的诱惑当中，从而忘记复习。另一位被访复读生表示，高三期间疫情爆发，只能在家上网课，经常管不住自己天天玩手机。然后现在的复读学校睿升实行封闭式管理，不允许学生携带手机。所以在学校的时间只能好好学习和复习，感觉非常管用。根据该生的描述，学校封闭式的管理方式，帮助学生隔绝了很多影响学习的诱惑，有利于他们专心学习。关于复读生封闭管理是否有利，学界存在质疑，但是由于政策规定公立学校不能办复读，复读生只能选择民办学校或者相关机构。从访谈之中睿升所能了解到的是封闭式管理可以帮助复读生集中注意，抵挡诱惑，进而提升学业成就。而非封闭式管理对复读生学业成就是否有利，有待睿升学校的进一步考察研究。

睿升通过询问得知，学校饮食的健康营养、多样化以及可口性有利于高中生积极的学业情绪。已有研究表明，饮食不仅会对身体健康产生影响，也会对情绪产生影响，而身心情况、情绪状态是影响学生学业成就的重要因素。由于封闭式管理，高中生的一日三餐都是在学校食堂解决。时间一长，学生非常容易对学校食堂饭菜产生厌倦。因此，睿升学校提议应该保证高质量饮食：不仅需要保证饮食的健康营养，还需要尽量提供饮食的多样化以及可口性。睿升学校的李水生校长规定，学校内部不允许设置小卖部，学生的营养全靠食堂的一日三餐，这种要求则对食堂提出了更高的挑战。睿升相关人员在调查"情绪是否会对成绩产生影响"时，一位被访学生表示："主要是学校食堂的饭菜会比较影响我的心情。高考前的最后几个月我天天加班学习，很多时候确实受不了，心理压力太大了。有时吃学校的饭菜吃腻了，我的心态更会崩溃。所以最后那段时间我基本每天都'钓饭'。我认为吃饭对我心情和学习状态影响很大，因为本身就是在学校寄宿，生活较为枯燥，平时的学校生活基本上没什么其他娱乐。在这种情况下如果吃饭也吃不好就真的像蹲'监狱'了。"该学生所提到的"钓饭"是指点外卖，由于学校考虑到饮食健康、卫生安全等问题，不允许学生点外卖。但是总会有部分学生不满意食堂饮食，于是偷偷点外卖从围墙处"钓"进来。从该学生的描述可以发现，饮食无疑会对学生情绪产生影响，进而影响学生的学习状态。学校内存在大量"钓饭"事件从侧面说明食堂饭菜存在一定的问题。据大部分学生反应，食堂饭菜油盐过重，菜不好吃，学生常常会不想吃饭。睿升学校在禁止学生"钓饭"的同时也在不断反思"为什么学生会点外卖"，根本原因还是食堂饭菜存在问题。高中生每天都要面临繁重的学习任务，脑力、体力都会产生巨大的消耗，充足的饮食是保证学生营养的核心因素。基于学生访谈结果，睿升相关负责人开始重视学校食堂的饮食问题，不仅要求菜品营养需要均衡，而且尽量在种类、口味上也要求有所改进，从根本上保证高中生饮食营养、安全、健康，为高中生的学习提供物质层面的保障。

访谈结果显示，严格作息以及密制化的作息管理能提升高中生的时间利用率。相比于成年人，高中生（包括复读生）的自制力普遍存在问题，因而学校的时间管理显得更为重要。密制化的时间管理能督促学生更进一步地查漏补缺，保证时间的利用率。曾经，河北衡水中学的"魔鬼式管理"被许多人抨击，但不可否认的是，它确实改变了许多学生的命运。武汉睿升学校虽然没有衡水中学这般"魔鬼式管理"，但是在对高中生（尤其是复读生）的时间管理也是极其严格。学生在接受访谈时强调，他们每天的作息有严格的时间限制。大部分学生所描述的日程安排如下：

睿升学校学生日程表（学生自述，省略课间休息）

时　　间	事　　项
5：00 左右	起床
6：00—6：30	在操场晨读
6：30—7：00	吃早饭
7：00—8：00	早自习
8：00—12：00	上课
12：00—14：20	吃午饭、午休
14：20—17：30	上课
17：30—18：30	吃晚饭、休息
18：30—19：10	晚读
19：10—22：00	晚自习
22：00—23：00	回宿舍整理
23：00	熄灯睡觉

　　秉持"一日之计在于晨"的理念，高中生每天早上很早起床开始学习，生活紧凑而充实。一位被访者表示，虽然自己平日里较懒，但是在学校每天就不得不早起。"之后你会发现每天学习的时间还挺多的，时间排得非常满，每天都很充实，感觉自己是被推着走，什么时间该做什么事都被安排妥当，一天时间很快就过去了。经常会感觉这样还是蛮有意义的。"在问到"是否会觉得早起会导致昏昏欲睡"时，她说每天午休的时间很长，在某种程度上补充了睡眠。虽然睿升学校的学生每天早上起得很早，但是中午会给学生安排充足的午觉时间，保证了学生每天的睡眠时长。可见，在作息时间管理方面睿升学校并没有盲目地苛责学生，而是严格与科学相结合，充分保障学生的休息质量。

　　总之，睿升学校对高中生生活各方面的管理，包括时间、饮食、行为习惯等都有一定的要求原则和独特之处。睿升提议，面对高中生这一群体时，学校需要通过一些强制手段帮助他们杜绝外界诱惑，同时也需要提供合理的饮食以保证学生身体的营养需求。另外，严格而富有弹性的作息时间制度也必不可少，学生需要按照学校设置的作息时间表规划安排，保证休息质量的同时提高学习效率。

3. 为学生提供自主学习时间以提升学业成就

　　自主学习主要是指学生是学习的主体，自己为自己作主，不受其他人的支配和外界环境的干扰，通过阅读、听讲、观察、实践、调研等手段使个体得到持续变化的行为方式。自主学习的提出源自于布鲁纳所提出的"发现不仅局限于探索人类尚未涉及的领域，还包括利用自身技能来获取知识的所有方法"。① 对于高中生来说，除了每天对知识的吸收以外，自我探索、自我消化的过程也极为重要。因此学校需要给予学生足够的自主学习时间。为探索学生对自主学习的看法，睿升学校同样对学生开展访谈调查。

自主学习是高中生个人查漏补缺的最佳机会。武汉睿升学校非常注重学生自主学习能力的发展，并且明文规定晚自习期间教师不允许讲授新课，给学生充足的时间自主学习。这一规定非常符合高中生的需要。学生需要足够的时间来复习所学知识，反思存在的问题，并针对自己的漏洞练习巩固，掌握运用。被访学生表示，睿升的晚自习时间非常长，可以自己支配安排，老师也会坐在讲台或者在办公室备课。"一般我都是先完成老师布置的作业，然后整理一下自己不会的题目，抓紧时间去办公室问老师。对我来说，晚自习时间是非常好的查漏补缺时间，因为老师上课讲，你总会觉得自己听懂了，只有自己做题时才知道还有哪些是自己没有掌握的，才能更有针对性地开展练习。"该学生充分利用晚自习的时间，完成作业之余还对自己存在的问题进行归纳总结，以此开展更具针对性的训练。另一位被访者也表示，每个人的知识盲区不一样，白天老师上课讲解知识不可能顾及每个人的实际情况，晚自习的时间便显得尤为重要，学生可以让老师答疑解惑，方便完善自己的知识结构，突破难点知识。对于高中生来说，听老师讲固然重要，但是自我反思、自我消化、自我补充、自我完善的过程才能让学生将所学知识真正内化为自己的能力，才能真正提升他们的学业成就。

睿升还发现，自主学习有利于高中生养成适合自己的学习习惯，对后续发展影响深远。学习是一个长期性的过程，高中生的短期目标是高考，但是高考并不是人生的终点。学生所学的知识点可能会随着时间的流逝逐渐被遗忘，但好的学习习惯能让学生受益终生。学生在自主学习的过程中，需要与自己沟通，了解适合自己的学习方式方法，从而逐渐养成适合自己的学习习惯。一位被访学生在聊到学习方法时表示："我觉得高中给我带来最大的影响就是我养成了一个很好的学习习惯——反思。初中时学校提供自主学习的时间很少，学校总认为老师一直讲的学习效率是最高的，所以基本都是老师讲学生听，一直被推着学。但是疫情期间在家没有老师的督促就很容易松懈。但高中的晚自习时间都是自己规划自己学习，所以就会寻找最适合自己的学习方式。目前每天晚自习我都会整理我的错题，对自己进行反思，这已经形成了习惯，感觉效果很好。"通过访谈睿升学校发现，老

---

① ［美］布鲁纳（Bruner，J.）. 布鲁纳教育论著选［M］. 邵瑞珍等，译. 北京：人民教育出版社，1989.

师讲授形式的教学是一种被动的学习方式，而自主学习是一种主动的学习方式，学生自己可以根据情况来对自己的学习任务、学习方法进行安排。自主学习能让高中生找到自己的学习节奏和状态，养成适合自己的良好学习习惯，从而终生受益。

综上所述，睿升发现，对于高中生来说，自主学习的时间是极其重要的。在自主学习的过程中，学生不仅可以根据自己的情况来进行针对性的练习，还可以养成归纳反思等好的学习习惯。学到知识并不是教育的最终目的，教会学生如何学习才能对学生产生深远的影响。

四、总结与建议

高中三年学生大部分时间都会在学校中度过，而部分高中生(尤其是复读生)在选择学校时一般倾向于选择封闭式、寄宿制学校，大部分原因在于学校管理层面。可见，学校相关因素对于高中生的学业成就起重要作用。睿升学校经过对学生的访谈和深入分析，发现教师、课堂与学校三方面均会对高中生的学业成就造成影响。

(一) 总结

1. 针对教师

教师教学能力：大多数高中生在知识点或者学习方法方面都存在一定的问题，需要教师的帮助引导实现更高效的学习。从教师个人知识来看，教师精深的专业知识以及广博的科学文化知识能散发个人魅力，从而激发高中生学习的积极性与主动性；从教师教学水平来看，高超的教学水平能让课堂变得更生动有趣，激起学生的学习欲望，也能让学生对所讲知识的理解得更深入，从而帮助教师获得高中生的感情认同。

教师期待值：教师对学生的期待能够增强学生的学习动力和自信心，进而间接影响学生的学业成就。首先，教师需要了解不同学生的性格特点，给予适当的期待，需注意的是教师所流露出的期待过高容易给学生造成压力，过低则容易打击学生的自信。因此，适当的期待对于学生来说才是最合适的；其次，在教师表达期待时，对高中生获得进步的强调优于对其能力培养的强调，激起学生的期望，催人奋进。而针对复读学生，教师需要知道选择复读的学生能力水平不同，能获得进步对他们来说就值得被肯定和鼓励，教师对其进步的激励更能激发其学习的积极性。

师生关系：对于内心更加敏感的高中生来说，与教师之间关系的好坏更容易引起其心理情绪的变化，良好的师生关系显得更为重要。首先，师生彼此相互尊重、相互信任有利于构建和谐平等的师生关系，从而促进高中生的学业成就；其次，亦师亦友的师生关系更适合高三复读学生。复读生希望能和教师进行平等的沟通，渴望被尊重、被倾听、被重视。教师应当及时与学生交流，了解学生的需求，做出适当的改变。

2. 针对课堂

课堂氛围：睿升提出，良好的课堂氛围表现为教师对课堂的良好管理以及学生表现出的团体凝聚力。首先，良好的课堂管理很大程度上可以提高学生的学习参与度，从而对学生学业成就产生积极影响；其次，良好的课堂凝聚力能够营造良好的学习氛围，让高中生产生更强的学习动力。

同伴影响：对高中生来说，与新班级同学之间的良好关系会让他们更快地接纳新的学习生活。同伴之间互相的帮助、辅导可以有效提升高中生的学业成就。相反，不健康的同伴关系反而会对高中生(包括复读生)的学业成就造成消极影响。值得注意的是，还有一种比较特殊的关系——竞争关系，同伴之间的良性竞争能够激发竞争者之间的胜负欲，增强其学习动力，从而提高学习成绩。

3. 针对学校管理

班级管理：高中班级的管理主要由班主任负责，因此班主任所采用的不同管理风格对于学生的影响截然不同。班主任的弹性管理风格更适合高中生，因为学生能够有一定的自我选择、自我决定的权力，有利于他们找到适合自己的学习方式方法，也利于师生关系的发展，从而营造良好的班级氛围。相反，班主任若是采用过于专制的管理模式则容易引起高中生的逆反心理，起到反效果。

生活管理：对于选择封闭寄宿制学校的高中生来说，其日常生活就是学校生活，对学生生活的管理也影响着其学业成就。首先，封闭式的管理模式更利于提高学生学习的专注度；其次，学校饮食的健康营养、多样化以及可口性有利于高中生产生积极的学业情绪；最后，严格作息以及密制化的作息管理能提升学生的时间利用率，从而提高学业成就。

自主学习：复读生与应届生相比自主学习的需求更大。一方面，复读生所掌握知识的深度和广度都各不相同，学生需要时间来进行自我检测，而自主学习就是他们个人查漏补缺的最佳机会；另一方面，自主学习有利于高中生养成适合自己的学习习惯，对后续终生发展影响深远。

因此，基于访谈结果和学校内的实际情况，针对"如何提升高中生学业成就"这一问题，睿升提出可从教师以及学校管理两个层面入手。

（二）建议

1. 教师层面

注重培养高中生的自主学习能力：许多学生高考失利的根本原因是自律性不足，无法控制自己。因此，教师对学生自主学习能力的培养显得格外重要。针对睿升学校的课程时间安排，提议教师可先从指导晚自习的时间细化安排开始，让学生学会自己选择、自己规划、自己完成，养成良好的学习习惯，最后逐渐过渡到让学生自己安排学习内容，做到自律自控。

关注学生的身心健康：对高中生尤其是高三和复读的学生来说，好好学习这件事的重要性已经不需要过多的强调。教师需要深入了解高中生的性格特点、情绪变化、学习状态，从聚焦于学生的分数转变到关注学生内心真实状态。及时发现学生在生活、学习上的各种问题，尤其是心理层面的问题，耐心引导，使学生能够更高效地学习。

更关注学生的进步而不是分数：对于高中生来说，不断取得进步提升才是最终目的。所以，教师要格外注意与学生的相处方式。首先，教师需要将高中生视为成年人来对待，平等地沟通交流，班级管理方面多采纳学生的建议；其次，课后可以与学生进行无关学习的沟通，帮助学生放松身心，舒缓压力；最后，教师要肯定学生的每一点进步而不是只关注分数。最高效成功的高中班级师生关系应该是：学生既能信任老师，又能心存敬畏。

教师提升个人能力：针对复读班级，学生个人能力以及性格都有一定特殊性，因此，对教师个人能力的要求更高更严格。教师除了需要不断提升自己的专业能力与知识积淀，还需更多地了解复读生阶段学生心理相关知识。另外，教师也不能忽视教会学生如何学习的能力以及如何与学生交流沟通的能力。

2. 学校管理方面

教师培养管理：睿升学校认为应当重视高中班级的教师质量。在教师管理方面，应奖罚分明，对表现好的教师给予明确的奖励，以激励其他教师；对于能力不足的教师，学校应该及时采取补救措施，高中生尤其是复读生的时间是极其宝贵的，学校应避免由于教师能力不足所带来的损失。在教师培养方面，学校应完善职后教师培养模式，适当组织在校老师开展学习交流活动，或者提供外出学习听课的机会，给予教师宽阔的学习平台。此外，复读生的教学方法有一定的技巧性，学校应当鼓励不同班级的教师之间多交流经验，互相学习进步。

班级弹性管理：班级管理主要由班主任负责，睿升发现班主任对高中班级采取弹性化的管理方式更合适。一方面，班主任在对班级管理时需避免"专制""强硬"，一味地专制只会加重学生的逆反情绪。班主任应当多听取学生的需求与想法，给予学生一定的自主权，例如，可以让学生自己制定班级班规、自主管理班级纪律、自己设计班服班徽，等等。另一方面，班主任也应努力营造良好的班级学习氛围，通过多种方法让班级同学之间产生正向积极的友谊关系，例如可以在晚自习之前给予学生十分钟的小组讨论时间，让学生相互沟通交流、相互解答疑难问题。教师需明白积极的同伴关系有利于班级同学之间产生积极影响，从而带动班级整体的学习成绩提升。

学校封闭式管理：高中学校采取封闭式的管理可以有效减少许多外界干扰。多名学生以及教师反映：对学生成绩影响最大的就是手机等电子产品。因此，睿升学校尽量强制学生住校，实行统一寄宿管理。且住校期间，不允许学生携带任何电子产品，以杜绝各种外界诱惑所带来的干扰，让学生更纯粹、专心地投入学习当中。值得注意的是，在封闭的校园生活当中，学校应给予学生适当的放松时间，例如一个星期之内安排一到两次打球的时间、晚饭后鼓励学生到操场上散步等，让学生的头脑暂时放松，舒缓情绪，以便更高效地投入学习。

学生生活灵活管理：学习是生活的一部分，学校生活对复读生的情绪以及学习都会产生影响，因此，生活管理同样不可忽视。一方面，学校应严格规定高中生的作息时间，在科学合理的基础上严格控制。既保证高中生充足的睡眠时间，也要将学生学习的时间细化，以督促自主学习能力不够的学生自律自控。另一方面，学生的饮食健康也应受到学校格外关注。学校要尽量保证饮食的质量，除了健康、营养均衡外还需注意多样化和可口性，以满足不同学生的需求，为学生的学习状态保驾护航。

总之，睿升学校从多个层面开展措施，切实保证学生的需求，为学生的学业成就保驾护航。

立德树人：做学生最亲近的人

2019 年 6 月，国务院办公厅发布《关于新时代推进普通高中育人方式改革的指导意见》，指出将"落实立德树人机制"作为改革的总任务。2022 年 10 月，习近平总书记在党的二十大报告中明确指出，要全面贯彻党的教育方针，落实立德树人根本任务，培养德智体美劳全面发展的社会主义建设者和接班人。教育是国之大计，党之大计，"办好人民满意的教育"是国家提出的教育理念，也是学校应当努力的方向。从国家相关政策以及指导文件当中可以看出，教育不仅仅要为社会培养人才，更重要的是培养世界观、人生观、价值观正确的人。对此，普通高中应当处理好"育人"与"育才"二者之间的关系，坚持"立德是人才培养的基础与前提"，[①] 鼓励教师从多个方面、通过多种方式做好德育工作，将立德树人做到实处。

普通高中在巩固义务教育普及成果与增强高等教育发展后劲当中起着承上启下的作用，在推进育人方式改革对"巩固基础教育改革与发展成果、增强基础教育自信"方面具有重要意义。[②] 高中三年的时间是学生从未成年走向成年、思想逐渐成熟、寻求自主发展的关键时期，因此睿升学校将立德树人作为高中教育教学工作的核心之一，不仅要求学生有全面综合发展的素质，还要求学生具备良好的道德品行，通过组建完善的德育领导班子和管理体系，力争将班主任德育工作和各科任老师的学科德育工作切实落到实处。

睿升学校一直强调高中三年学生（包括复读生）正处于身心发展的重要时期，三观逐渐形成并且慢慢趋向于稳定，因此学校德育工作的开展会对学生当下学习与未来成长产生深远影响。睿升分析学生的身心发展规律，进而得出高中生已经拥有了较强的个性意识和特点，但是缺乏一定的社会生活经验，易受外界环境的刺激和影响，在待人接物、交流合作等方面有时会产生错误或偏激的思想观念。班级是学校开展教育教学活动的基本单位，而班主任是班级中的核心人物，科任老师是各学科学习的主要负责人，因此睿升将德育工作

① 常青，韩喜平. 立德树人系统化落实的协同机制构建——基于 12 所高校调查数据的分析[J]. 教育研究，2019，40(01)：94-101.
② 张辉蓉，毋靖雨. 普通高中立德树人系统化落实的进展分析与机制构建——基于全国 24 个省（市、区）普通高中的调查研究[J]. 中国教育学刊，2021(10)：30-35.

开展与定期班会、课程内容与日常生活相结合，将德育内容总结为"感恩、榜样、诚信、礼仪"四个部分，并且编写了相应的校本课程，将思政教育融入教学，最终达到育人的最高境界——老师要做学生最亲近的人。

一、将德育工作与定期班会相结合

在学校生活中，班主任是与学生接触最多、关系最密切的老师，同时也是开展德育工作最主要的执行者。在某种层面上，睿升认为班主任就是学生在学校内"最亲近的人"。考虑到班主任既是科任老师，又是班级的负责人，这样的双重身份能给予老师更多实施德育育人的机会。其中，睿升学校会要求班主任每周开展一次班会课，选择契合热点新闻或是身边小事，围绕不同的德育主题教育学生，开展各种班级活动，在班级活动中渗透德育内容，切实将班主任德育工作做到最好。

具体来说，睿升学校每周一次的班会课主题主要是在"感恩、榜样、诚信、礼仪"四个模块之间轮番滚动选择，联系学校、社会以及国家等多个维度开展德育工作。例如，过去某一次班会课正好安排在教师节那天，睿升学校有的班级的班主任就以"感恩"为主题开展主题班会。当然，教师节那天肯定是要感恩教师了，但是睿升的主题班会如果只局限在这一个点上，那内容就会过于单薄狭隘，无法真正做到育人的效果。而且有的学生还会心理犯嘀咕："老师上这样的班会课，肯定是要让我们感谢他，这样的教育方式都是为了老师自己。"这种情况是睿升不愿意看到的。睿升学校希望学生能知道"感恩"的意义与对象，所以扩展了"感恩"的班会主题内涵。在班会课上，学生可以感恩老师、家长、同学等，同时扩展到 2020 年疫情暴发时，全国各地的人们"逆向而行"前往武汉送温暖，有的送大米青菜，有的送防疫物资，数不胜数，这些帮助武汉渡过难关的社会人士我们也要在班会课上提出并表示感谢。同时继续深入分析，在武汉疫情防控常态化阶段，学生能够坐在教室里正常上课，是不是也应该感恩？从大方面来说，疫情暴发以来国家政府机关、教育相关部门、学校负责人等多个层面对学校的教育教学工作都非常支持，为学生送消毒物资、提供防疫指导；从小方面来说，学校门口测温扫码的师傅、打扫卫生的阿姨、负责巡逻安全的保安是不是都应该感恩？通过一步步挖掘现实生活中的实际案例，在班级甚至整个学校范围内营造浓郁的感恩学习教育氛围，激发学生的感恩情怀，促进学生感恩思想情感的生长。

以上班会只是睿升学校班主任德育工作开展的一个小案例，睿升的班会主题有很多，同样"感恩"的主题也有很多，需要每个班的班主任自己挑选抉择。但是睿升学校一直强调的是"主题班会不能流于形式"，要以生为本，充分给予学生自主机会，切实让学生受到德育工作的影响做出改变。睿升学校有的班主任比较反感"给父母洗脚""孩子父母抱头痛哭"的德育场面，总觉得短暂的、一时的"热情""鸡血"很难持久。但是睿升的感恩班会却常常让学生和家长之间的联系更加紧密。这是为什么呢？这与睿升的办学特点是分不开的。睿升是封闭式、寄宿制学校，学生和家长空间上的距离拉开了，产生日常摩擦的机会也就减少了。但是学生在体验经历若干次主题班会课之后，肯定会思考"自己的生活如此幸福是因为谁"这一问题。当然，问题的答案包括学校、老师、学校师傅、食堂阿姨等，自然也会包括自己的父母家人。特别是在学校住宿之后，学生离开父母，什么事情都需要自己亲力亲为。之前学生在家庭生活中觉得习以为常、视而不见的事情，到了学校才发现，原来做起来是这么繁琐困难。在这种情况下，学生会自然而然地反思：为什么自己过去没有察觉到呢？哦！原来是因为这些事情都是父母帮忙做完了。正是因为受班会课的影响，睿升学校的学生离家住校之后反而更能体会到父母的付出与不易。有位班主任清晰地记得之前学校里有一位大学教授的孩子。有一天晚上这位大学教授跟班主任打电话时用略带哽咽的声音说道："老师，我觉得您的力量太大了！之前我们家小孩在家里的时候和我们家长一天都不说一句话，回到家就把自己关在自己的小房间里，连吃饭都要三催四请。就算是吃饭的时候也很不耐烦，稍微问两句话都不行，所以我们家长和他的交流很少。可是上周末他回家时，专门跑到厨房端菜，吃饭的时候还主动跟我们说起学校发生的事情，我们非常感动。问他为什么会有这样改变，他说是受您的影响，您在班会上说起自己的父母让他感触很深，也想让他为自己的父母做些什么事。"从这个案例中可以看出，睿升学校班主任的主题班会课不是简单讲讲就结束，而是对学生潜移默化的影响的过程。睿升希望主题班会德育工作的最终目的是学生能真正将"所学"变为"所作"，内化于心，外化于行。

另外，睿升的班会课也会与学生的所学知识产生关系，发挥榜样作用，增强学生的中国自信与热爱之情。榜样的言行举止、思想品质是学生努力的方向。例如，曾经有一个班的班会课主题是"榜样的力量"。班主任选择这个主题的原因主要是联系热点新闻与科创课程。当时刚刚举办了"天宫授课"活动，很多上过科创课程、参加机器人兴趣小组的学生表示对其中的实验课程很感兴趣，想要知道在宇宙空间站里做实验的感受，但又感觉"吃不饱"，内容有点浅显。所以班主任就借着那一次班会课的机会，联合学校科技中心负责人，利用一些虚拟仿真数据和手段，让学生戴上 VR 眼镜体验遨游太空、在太空站做实验的感受。学生上完班会课后纷纷交流各自的感受，一方面是感叹宇宙的神奇和广大，另一方面也表示出对物理探索、科学发现的热情，对国家强大科技实力的自豪，同时这也激发了学生学习的动力。这样的班会课是睿升学校的一大亮点所在，无疑是成功的尝试，学生既学到了"天宫授课"相关知识，又借助技术手段体验了"遨游太空"，将"育才"与"育人"相结合，激起学生兴趣。

综上，睿升学校重视德育班会课的开展，让教师做好充分的课前准备工作，营造良好的班会课教育环境，选择贴合学生生活实际的主题，同时运用一定的技术手段作为辅助，充分发挥德育的作用。

二、将德育工作与课程内容相结合

一般来说，课程内容与德育工作结合主要是指学科德育工作。学科德育主要是指将道德教育渗透于各科的教学当中，从而实现各科教学与品德教育相融合的一种德育形式。[①]睿升学校同样重视学科德育这一隐性、渗透式教育，各学科教师纷纷参与到德育工作当中，挖掘本学科的德育价值因素，实现知识教学与道德教育的有机融合，为学生良好的道德品行奠定坚实的基础。

学科德育同样也是睿升学校德育工作开展的特色之一，许多学科的老师在教学过程中会有意识地进行德育教育，有时还会设置外出实践活动辅助教学。在高二的语文教材中有一篇课文是余秋雨先生的《道士塔》，这篇文章虽然时间比较早，但是文学艺术性很高，因此学生在学习过程中都表现出很浓厚的学习兴趣，教师在教学规划的时候也安排了较多的课时。有一年刚好武汉园博园开办敦煌艺术展，因此语文老师和班主任在征得校长同意的情况下带学生去园博园现场参观研学。在两节连上的语文课时间里，学生参观了这个敦煌展，看到展出的美轮美奂的壁画，飘飘欲仙的造型以及鲜艳夺目的色彩，回到学校之后教师再接着上《道士塔》这一课，学生的感受就是不一样的。《道士塔》这篇课文内含非常丰富，既有中国古代最灿烂的文明，又有文明最痛苦的悲剧。这篇文章的主题在于中华民族有数千年文明，这种文明博大而辉煌，但是又命运多舛。中华民族的文明历尽沧桑，迄今仍然生生不息。学生在课堂上联系敦煌展览参观感悟畅所欲言，表达自己的看法，在阵阵讨论声中学生对中华优秀传统文化的自豪与忧患意识被激起，而这就是睿升学科德育的目的所在。这种精神层面的感受会比教师直接讲解深入人心，被学生更容易接受。

对于其他内容同样如此，睿升学校希望学科德育工作能激发学生最真实的感受，激发各学科隐性课程的德育影响力，而不是让学生从老师的讲授中感觉到"距离感"。在讲解中国近代历史相关课文时，听讲的学生们大多只是感到经文遗失、文明被毁的遗憾，或者是对腐朽无能的清政府的痛恨，但是这些东西在空间和时间上都离学生太远了。在过去上语文课时，学生们常常觉得"这和中国近代历史课一样"。学生的观点从某方面证明语文教学的学科性、学科德育的专业性被消解了。因此睿升大胆创新，常常让学生通过展览参观来

---

① 叶飞. 学科德育的实践意蕴及其实现途径[J]. 课程·教材·教法，2009，29(08)：48-51，56.

理解课文，通过课文内容来审视历史，在这样的教学选择下学生们的感受就会截然不同。课文中作者表达的爱国情怀，学生可以通过精美的艺术作品得到共鸣；而联想到课文中这些精美艺术作品的结局命运，仿佛冥冥之中美人薄命，又让学生体验到了强烈的忧患意识——落后就要挨打。国家落后就连灿烂文明也不能守护。通过这样的教学手段，学生从实实在在的感官体验中自主生发，不断向自己提问：我看到了什么？为什么会这样？我能做些什么？我应该用怎样的方法去爱国？这样的学科德育工作就是真实的、可行的，而不是把爱国放在空洞和空泛的情况之下，也不是脱离材料、脱离教材、脱离人的能动性。睿升一直坚信，课本知识学生会不断遗忘，但是学生自我生发出的感悟情感会影响学生成长终生。

另外，睿升学校落实学科德育的例子还有很多，其中既包含语文、历史等文科，也包括物理、化学、生物等理科和美术、音乐等艺术课程。需要注意的是，各学科教学内容当中的德育内容丰富，睿升鼓励老师进行深入的挖掘和讨论，精心设计，寻找最优的实施策略。例如，在物理化学实验当中向学生传达"求真""求实"的价值观；在音乐、美术的鉴赏课上弘扬中华民族文化；在政治、历史课堂上学习优秀人物身上崇高的精神品质；在化学、生物、政治课堂上传输"辩证"思想和观点，教会学生要多角度看待问题。具体来说，睿升在语文课堂上开设"每日一讲"环节作为德育主要阵地，每天上课前的 3 分钟为学生演讲时间，演讲主题不限、形式不限、文体也不限，给学生提供多种角度切入、多种方式选择，一方面可以督促学生了解时事，另一方面也督促学生自己独立思考表达。这是睿升实践育人的实践活动形式之一。更重要的是，作为语文学科的核心素养，会表达、能表达、善表达应该是老师要着重培养的。一般学生常常会从日常生活中的一件小事切入，谈谈自己的看法。举个具体的例子，之前有个孩子在课前演讲时选择的主题是"说话的艺术"，因为当时班上大部分学生都是独生子女，在与人交流时要么就不表达，要么就说出伤人的话。针对班上这样的情况，做演讲的同学就提出"应该如何表达"这一问题——是想要别人感觉与你说话像是如沐春风的冬日暖阳，还是疾风暴雨的六月飞雪。当时这名学生并未想好演讲主题，但是他的班主任和语文老师注意到他与其他同学交流时说话语气"很冲"，给人不好交流的感觉。因此老师从侧面暗示他做一个有关"讲话的艺术"主题的演讲。那次演讲之后，他开始注意到自己的问题，并努力改正，在日常生活中与别人交流说话的方式明显发生了变化。这就是睿升学校希望看到的学科德育所造成的积极转变。当然在睿升这样的案例有很多，说明睿升的学科德育工作确实是富有成效。还有一个例子，在 12 月 14 日当天，有一名学生演讲的主题叫作《南京城上的旗》。因为 13 日是南京大屠杀的国家公祭日，所以今天这名学生选择了这个主题，他讲述了当时在南京的外国人对中国居民的保护和营救，以及最后他们掩埋尸体的故事。这个故事出自《历史的温度》，讲述的是一位纳粹德国人，在南京营救普通难民的故事。这个德国人的名字是拉贝，在埃尔温·维克特所著的《约翰·拉贝——南京的德国好人》一书中，拉贝虽然是一名德国工人党成员（纳粹的前身），但是他在南京兴建学校、收容营救难民、救死扶伤、安葬遇难者的遗体等。通过教师引导，这位学生还专门提到了人道主义与人性的光辉的一面，对主题进行了升华。

总而言之，睿升将德育工作与课程内容相结合，提高学科老师的德育自觉性与主动性，发挥德育的功效，培养学生的科学精神、科学态度、辩证唯物主义思想、进取心、诚实正直、勤奋刻苦、团结协作等优秀品质。

三、将德育工作与日常生活相结合

除了以上两种德育工作开展方式，睿升学校还将德育工作与学生的日常生活相结合，选择合适的时机，自然而然地渗透德育思想，给学生"随风潜入夜，润物细无声"的感受。

睿升一直提倡德育教育尤其是价值观教育需要让学生"感同身受"，引起学生的共鸣，在教育过程中有机地结合内容载体，自然而适度地开始教育活动。也许有人会问：学生的感受从何而来？睿升认为要从学生的日常生活中发掘。对于高中选择住校的学生来说，每天的课程学习就是他们经历最多的"日常生活"，所以睿升非常认可将德育与日常生活相结合的工作方式。例如，有一次语文课讲的是《人应当坚持正义》这篇课文，睿升的语文老师经过讨论后决定不按照传统的"字—词—句—内容—段落大意"的教学步骤顺序展开，而是设计成一堂辩论课。这本身就是一种开放的课堂教学形式，学生通过相互辩论、各抒己见来回答什么是正义、什么是非正义；为什么人们要坚持正义；为什么正义人民需要"坚持"等问题，教师在旁主持引导。这就是睿升德育工作的一大亮点。学生通过对这些问题的思考来真正理解"正义"以及"价值"的含义，比老师单纯地讲授要好得多。学生联系新闻报道与身边现实，论证自己的想法，在表达观点的同时又倾听他人的意见，实现思维的突破。很多时候语文教师常常抱怨学生不会归纳课文的中心思想，这是因为学生的学科课程学习与日常生活思考是相互脱节、相互割裂的，所以他们很难真正理解课堂内容。但是睿升将德育与生活相互串联，调动课堂气氛，让学生的思想开放活跃，增强德育的针对性。

另外，睿升德育工作与日常生活的结合还有另一个层面：德育内容的展开要"适时而动"，从身边人出发。举一个简单的例子，在高中生群体当中，学生相互攀比是很常见的现象。学校内有一些同学家庭条件比较好，有时会穿名牌运动鞋和衣服。可是学校里孩子们的家庭背景是不同的，我们既有可以负担得起价格较昂贵的运动鞋的家庭，也有普通的工薪阶层，甚至还有外地来汉务工的经济条件相对较差的家庭。所以睿升学校一直注意引导学生转化攀比心理。例如，上学期有一个班的班主任发现班内出现了相互攀比的"苗头"，于是就开展了一次班会课，主题为"榜样的力量"。那榜样到底是谁呢？从国家层面分析，有袁隆平、屠呦呦、张贵梅、中国女排等"国之大者"，而从个人层面来看，有睿升学校的同学。之后，班主任便让学生举例，大多数同学都提到了班内的杨同学和陈同学，因为他们回家从来不玩手机，非常自律自控，而这一行为在现在的高中生群体中已经非常少见了。而针对是什么原因激励和促使着他们自律学习和自控这一问题，班主任提议让两位同学在班会课上讲讲自己是如何做到的，于是后面两位同学介绍了自己的心得体会和心路历程，为同学们树立了身边的榜样。同学们听了之后还会相互交流感受，讲一讲自己的看法、做法和想法。这样的主题班会课才是触及灵魂的。通过这样的方式，学生的攀比行为开始转变，开始向"榜样"同学学习，将攀比的心态放到了自律自控上。班主任的育人工作也得以实现。

有了明确的目标，不仅管理了自己的学习，也带动了其他同学，这就是榜样的力量，也是睿升希望达成的德育目标。睿升教师因材施教，制订详细的德育计划，同时善于抓住学生生活的点点滴滴，摸索出德育教育规律。现在杨同学、陈同学所在的班级内的每个同学都非常珍惜自己的时间，什么时候吃饭、什么时候接水、在听力之前要干什么，在晚自习的时间里要干什么等都规划地井井有条，班级氛围既紧张又活泼。而且学生不仅仅管理时间，还管理自己，在学习小组内"自己培优"（具体的做法就是学习小组聚在一起，一起总结学习内容，共同进步），针对每节课后都会设计一个课后小结，自主学习。这正是睿升学校一直强调的对实践能力、自学能力的培养。

事实证明学生们对于这种真正关切他们日常生活的班会非常有积极性。睿升学校目前正在创新德育班会课形式，让学生自己组织班会，自己确定主题，自己落实活动环节，明确宣讲人和讨论人选。在这个班级氛围之中，学生会不断主动反思：自己哪些方面还做得不好，别人为何做得这么好，自己还可以在哪些方面改进。通过德育工作，学生有强烈的成就动机，人生目标更加清晰。

此外，睿升学校还为学生提供了许多开展德育工作的平台，以开放、体察的姿态与学生交流，让德育变成一个良性循环。睿升学校开展的德育工作在主题、内容和形式上都是积极向上、催人奋进的，让学生之间形成一种正能量的价值判断，形成积极向上的价值氛围。学校经常会借助众多大型活动开展德育教育，如20周年校庆活动、艺术节活动、合唱团比赛、升旗手选拔、宣传画绘制、招生手册设计、学校广播台播报，等等，数不胜数。这些日常活动使得学生更加阳光、自信，坚持"是金子总会发光"的想法，才华得到施展，产生正向刺激，激励学生做得更好。

案 例 篇

数 学 学 科

　　数学是研究数量关系和空间形式的一门科学，其源于对现实世界的抽象，基于抽象结构，通过符号运算、形式推理、模型构建等，理解和表达现实世界中事物的本质、关系和规律。不可否认，数学与人类生活和社会发展联系密切，是自然科学的重要基础，在高考中也占据了非常重要的地位。初中阶段老师传授给学生的数学知识是单一、直观的，所涉及的计算公式与运算过程都可以在教科书中找到，学生通过课本上的例题与习题大多就能掌握数学知识，考到满意的分数。① 但是对于高中数学来说，知识点繁多、复杂且较为抽象，难度较初中有很大提升，建模、运算、分析能力、空间直观与想象能力要求高，学生常常会对高中数学知识感到陌生，难以适应高中高强度、高难度的数学学习过程，解题时逻辑思维跟不上，有时刷题数量多但是依旧做不对题目。② 许多数学基础薄弱的同学更是出现"断层"的现象，对考试成绩不满意进而失去学习数学的信心。

　　针对总结出的以上学习问题与困难，睿升数学备课组通力合作，在教研组的带领下开展了一系列教学改革创新工作，将"实践育人"落到实处，在课堂教学过程中采用"三步翻转六步教学"方法，结合数学学科特点从实际生活问题出发，引导学生小组合作自主探究，培养自主学习能力，在课堂上解决学生的数学学习困难，让学生树立自信心，不再惧怕数学这一学科。因此本书以睿升学校张志锋老师的教学设计《导数的概念及其意义》作为实践育人落实案例，以期为落实数学学科核心素养提供教学启示。

一、教 师 介 绍

姓名：张志锋

教授学科：数学

教授年级：高二

获奖经历：2013 年 5 月所带高二(4)班被评为东西湖区先进班集体；2014 年、2015

---

① 曹存然. 初高中数学衔接的问题与对策研究[J]. 成才之路, 2020(10): 134-135.

② 骆丽骏. 立足核心素养做好初高中数学衔接教学[J]. 理科爱好者, 2022(05): 31-33.

年连续两年被评为武汉市民办教育优秀教师；2014 年、2015 年、2016 年、2017 年先后被评为区优秀教师、优秀班主任、师德先进个人、身边的好老师等；2020 年被评为年度"最美中流砥柱"和"教学质量与效益突出贡献管理干部"；2020 年武汉新冠肺炎疫情暴发期间，勇挑重担，成为首批"停课不停学"教师之一，并代表全市上网课的老师和市、区领导在网上互动，接受领导们的关怀。

二、教 学 案 例

教学案例设计：导数的概念及其意义

武汉睿升学校　张志锋

（一）基本信息

教材：人教 A 版数学选择性必修 2

课型：探究课

课时：1 课时

设计意图：

本节课的主要内容是抽象概括导数的一般概念以及发现学习导数的几何意义。教学设计紧紧围绕一个问题：跳水运动员的瞬时速度问题，以提出问题—形成问题串—合作交流—分析问题—解决问题的过程展开教学。课堂教学始终贯彻"教师为主导、学生为主体，探究为主线，思维为核心"的教学思想，采用"教师适时引导和学生自主探究发现相结合"的教学方式，简单介绍微积分的发展史、牛顿和莱布尼兹的贡献，提高学生对学习导数的兴趣欲望，以已知探求未知，激发学生的学习热情；提前通过导学案引导学生自主计算跳水运动员任意时刻的平均速度，利用几何画板、GeoGebra 等软件，让学生直观感受数值逼近的思想，求出瞬时速度，从而得到导数的定义，注重抽象概念不同意义间的转换，再用几何画板进行动态演示，让学生加深对导数的几何意义的理解。

教学目标：

（1）会从物理意义、数值意义、几何意义三个不同角度理解导数的本质。

（2）应用导数的定义求简单函数在某点处的导数。

（3）理解函数在一点处的导数的几何意义。

数学核心素养：

（1）通过动手计算培养学生观察、分析、比较和归纳的能力，养成数学抽象、直观想象和数学建模的核心素养。

（2）通过问题的探究不断渗透逼近和以直代曲的数学思想，以及用已知探求未知、从特殊到一般及数形结合等数学思想方法。

教学重点：

导数的概念及导数的几何意义。

教学难点：

导数的几何解释及切线概念的形成。

(二) 教学过程

1. 课前

【课前准备·自主预习】

课前预习导学案：

学生在认真阅读教材的前提下完成本节课的碰碰题——学生自主计算跳水运动员任意时刻的平均速度(以函数在某个点的导数的求法、函数的导函数的求法以及函数的切向方程的求法为主)。

预习是学习高中数学的一个重要过程，学生通过预习能够了解所学内容并掌握简单的知识点，大大提高听课效率。导数这部分内容比较深奥，学生理解起来较为困难。因此张志锋老师借助生活化的碰碰题，让学生在自主探究解决的过程中大致了解新授课内容，形成自学的习惯，引导学生积极主动学习，激发学习兴趣与热情。

【课前准备·生成反馈】

课前收集学生碰碰题练习情况，根据学生作答情况适当调整教学计划，针对学生预习过程产生的新问题在课堂上进行延伸和补充。

在预习过程中，有些知识点比较简单，学生通过看书做题就能掌握，但也有让学生琢磨不透或是理解有误的知识点。张志锋老师通过收集学生碰碰题练习情况，对学生的掌握有一定的了解后进行针对性教学，提高教师的课堂效率。

2. 课中

【课堂教学·师生互动】

1. 设置问题情境

295 年前，中国古代数学家刘徽利用割圆术计算出圆周率为 3.1416，他们已经具备了微积分的思想，离研究出微积分只有一步之遥！

17 世纪初，四类科学问题急待解决，这四类问题分别是：

第一类，求变速运动的即时速度的问题。

第二类，求曲线的切线的问题。

第三类，求函数的最大值和最小值问题。

第四类，求曲线长、曲边梯形面积、不规则物体的体积、物体的重心、压强等问题。

几百年来，为了解决这些科学问题，许多著名的科学家，如古希腊的阿基米德；法国的费马、笛卡尔、柯西；德国的开普勒；意大利的卡瓦列利等人都提出许多有建树的理论，为微积分的创立作出了贡献。

直到 17 世纪中叶，英国物理学家牛顿和德国数学家莱布尼茨在前人探索与研究的基础上，凭着他们敏锐的直觉和丰富的想象力，在不同的国度，不同的领域，各自独立地创立了微积分。

微积分是数学发展史上继欧氏几何后的又一个具有划时代意义的伟大创造，被誉为数学史上的里程碑！

微积分是人类经历了 2000 多年的智慧成果，它极大地推动了数学的发展，过去很多束手无策的数学问题运用微积分就会迎刃而解；也极大地推动了天文学、力学、物理学、化学、生物学、工程学、经济学等自然科学、社会科学及应用科学各个分支中的发展，并在这些学科中应用越来越广泛。物理学家牛顿是从运动学，即瞬时速度的方向去研究的，而莱布尼茨则是在几何学的角度去研究的。他们的最大功绩是把两个貌似毫不相关的问题联系在一起，实现了数与形的结合！数形结合自古就不分家！今天我们就先从"数"的方向大致沿着牛顿的路线研究导数，然后再从"形"的方向沿着莱布尼兹的路线研究导数。下面我们来看这样一个物理问题：

通过简单介绍微积分的发展史及牛顿的成就激发学生学习导数的兴趣。

2. 问题情境，数学探究

在高台跳水运动中，运动员相对于水面的高度为 h（单位：m）与起跳后的时间 t（单位：s）存在函数关系 $h(t) = -4.9t^2 + 6.5t + 10$，求 $t = 2$ 时的瞬时速度。

问题 1：你能够设计一个方案，求运动员在某时刻的瞬时速度吗？

如果我们想求高台跳水运动员在 $t = 2\text{s}$ 时的瞬时速度，可以先考察 $t = 2\text{s}$ 附近的情况。

　　问题 2：那么 t 在 $[2, 2.1]$，$[2, 2.01]$，$[2, 2.001]$……内的平均速度分别是多少？请学生展示自己的实验结果。我们先看运动员在 $[2 + \Delta t, 2]$ 内的平均速度。请完成表格：

$[2+\Delta t, 2]$	$\Delta t<0$	平均速度
$[1.9, 2]$	-0.1	-13.051
$[1.99, 2]$	-0.01	-13.0951
$[1.999, 2]$	-0.001	-13.09951
$[1.9999, 2]$	-0.0001	-13.099951
$[1.99999, 2]$	-0.00001	-13.0999951
$[1.999999, 2]$	-0.000001	-13.09999951
$[1.9999999, 2]$	-0.0000001	-13.09999995

　　问题 3：大家发现了什么特点？

　　再看运动员在 $[2, 2 + \Delta t]$ 内的平均速度. 请完成表格：

$[2, 2+\Delta t]$	$\Delta t>0$	平均速度
$[2, 2.1]$	0.1	-13.149
$[2, 2.01]$	0.01	-13.1049
$[2, 2.001]$	0.001	-13.10049
$[2, 2.0001]$	0.0001	-13.100049
$[2, 2.00001]$	0.00001	-13.1000049
$[2, 2.000001]$	0.000001	-13.10000049
$[2, 2.0000001]$	0.0000001	-13.10000005

问题 4：大家发现了什么特点？

这种现象我们还可以通过电子表格来观察到：

高台跳水任意时刻 t_0 附近平均速度

起点	终点	Δt	$h(t_0 + \Delta t) - h(t_0)$	$\dfrac{h(t_0 + \Delta t) - h(t_0)}{\Delta t}$
2	2.1	0.1	-1.359	-13.59
2	2.01	0.01	-0.13149	-13.149
2	2.001	0.001	-0.0131049	-13.1049
2	2.0001	0.0001	-0.001310049	-13.10049
2	2.00001	1E-05	-0.000131	-13.100049
2	2.00000001	1E-08	-1.31E-07	-13.10000028
2	2.0000001	1E-07	-1.31E-06	-13.10000052
1.99	2	0.01	-0.13051	-13.051
1.999	2	0.001	-0.0130951	-13.0951

问题 5：要使得到的瞬时速度更精确，时间的间隔就要很小，那繁琐的计算，能否引进一个量，使其得到简化？

以上三个式子可以统一写成

$$\bar{v} = \frac{h(2 + \Delta t) - h(2)}{\Delta t}$$

$$= \frac{-4.9(2 + \Delta t)^2 + 6.5(2 + \Delta t) + 10 + 4.9 \cdot 2^2 - 6.5 \times 2 - 10}{\Delta t}$$

$$= -13.1 - 4.9\Delta t$$

问题 6：当 Δt 趋于 0 时，平均速度有怎样的变化趋势？

学生通过观察发现：在 $t = 2$ 时刻，Δt 趋于 0 时，平均速度趋于一个确定的值 -13.1。

总结：这个确定的值即瞬时速度，为了更明确地表述趋近的过程，可用极限的思想来表示，即：$\lim\limits_{\Delta t \to 0} \dfrac{h(2 + \Delta t) - h(2)}{\Delta t} = -13.1$

（1）注重数学思想方法的渗透，将复杂计算引入变量可以简化统一。

（2）利用极限思想，将函数表达式抽象化。

（3）通过合作计算，让学生更深刻地感受到数值的逼近。

利用极限思想，将函数表达式抽象化

讲授：我们用这个方法得到了高台跳水运动员在 $t = 2\text{s}$ 附近，平均速度逼近一个确定的常数。那其他时刻呢？比如 $t = 1.5\text{s}$ 等？

利用 Excel 表格直观展示数据，现场操作。

问题 7：经过以上 2 个时刻的计算，大家有什么发现？

讲授：经过计算，大家都发现：当时间间隔很小，也就是当两个时间的端点无限靠近时，平均速度逼近了瞬间速度。

3. 模型建构

问题 8：如果将以上问题中的函数用 $f(x)$ 来表示，那么函数 $f(x)$ 在 $x = x_0$ 处的瞬时变化率该如何表示呢？

教师可引导学生合作写出 $f(x)$ 在 $x = x_0$ 处的瞬时变化率可表示为：$\lim\limits_{\Delta x \to 0} \dfrac{\Delta y}{\Delta x} = \lim\limits_{\Delta x \to 0}$

$\dfrac{f(x_0 + \Delta x) - f(x_0)}{\Delta x}$

总结：我们把这个瞬时变化率称为导数。（引导学生从特殊情况向一般问题进行研究）

导数的定义：

函数 $y = f(x)$ 在 $x = x_0$ 处的瞬时变化率称为 $y = f(x)$ 在 $x = x_0$ 处的导数，记作：

$f'(x_0)$ 或 $y'|_{x=x_0}$，即 $f'(x_0) = y'|_{x=x_0} = \lim\limits_{\Delta x \to 0} \dfrac{\Delta y}{\Delta x} = \lim\limits_{\Delta x \to 0} \dfrac{f(x_0 + \Delta x) - f(x_0)}{\Delta x}$

深入追问：如何求函数 $f(x)$ 在 $x = x_0$ 处的导数？

（1）求函数的增量 $\Delta y = f(x_0 + \Delta x) - f(x_0)$。

（2）求函数的增量与自变量的增量的比值：$\dfrac{\Delta y}{\Delta x} = \dfrac{f(x_0 + \Delta x) - f(x_0)}{\Delta x}$。

（3）求极限，得导函数 $y' = f'(x_0) = \lim\limits_{\Delta x \to 0} \dfrac{\Delta y}{\Delta x}$。

由平均速度到瞬时速度，再由平均变化率到瞬时变化率，符合学生的认知过程。同时注重对抽象表达式的理解，落实"实践育人"理念。

【课堂教学·知识运用】

例题讲解

例1：将原油精炼为汽油、柴油、塑胶等各种产品，需要对原油进行冷却或者加热，如果在第 xh 时，原油的温度为 $y = f(x) = x^2 - 7x + 15(0 \leq x \leq 8)$。计算第 2h 与第 6h 时，原油温度的瞬时变化率。

解：在第 2h 和第 6h，原油温度的瞬时变化率就是 $f'(2)$ 和 $f'(6)$

因为 $\dfrac{\Delta y}{\Delta x} = \dfrac{f(2 + \Delta x) - f(2)}{\Delta x} = \dfrac{4\Delta x + (\Delta x)^2 - 7\Delta x}{\Delta x} = (\Delta x - 3)$

故 $f'(2) = \lim\limits_{\Delta x \to 0} \dfrac{\Delta y}{\Delta x} = \lim\limits_{\Delta x \to 0} (\Delta x - 3) = -3$

同理：$f'(6) = \lim\limits_{\Delta x \to 0} \dfrac{\Delta y}{\Delta x} = \lim\limits_{\Delta x \to 0} (\Delta x + 5) = 5$

导数的概念：

由 $f'(x_0) = \lim\limits_{\Delta x \to 0} \dfrac{\Delta y}{\Delta x} = \lim\limits_{\Delta x \to 0} \dfrac{f(x_0 + \Delta x) - f(x_0)}{\Delta x}$ 知，当 $x = x_0$ 时，$f'(x_0)$ 是一个确定的数，当 x 变化时，$f'(x)$ 便是 x 的一个函数，我们称它为 $f(x)$ 的导函数(简称导数)。

$y = f(x)$ 的导函数有时也记作 y'，即 $f'(x) = y' = \lim\limits_{\Delta x \to 0} \dfrac{f(x + \Delta x) - f(x)}{\Delta x}$。

模型解释(导数的几何意义)：

讲授：前面我们以物理为背景，从"数"的角度研究了导数，现在我们想从"形"途径来解读导数，即导数的几何意义。

解释几何构造：

设点 $P(x_0, f(x_0))$，$Q(x_0 + \Delta x, f(x_0 + \Delta x))$，则 $\dfrac{f(x_0 + \Delta x) - f(x_0)}{\Delta x}$ 可以表示为曲线的割线 PQ 的斜率，

如图，当点 $Q(x_Q, f(x_Q))$ 沿着曲线 $f(x)$ 趋近于 $P(x_0, f(x_0))$ 时，割线 PQ 的斜率变化趋势是什么？

利用多媒体进行动态操作，探索 $\Delta x \to 0$ 时 $\dfrac{f(x_0 + \Delta x) - f(x_0)}{\Delta x}$ 的无限逼近值的几何意义。

问题9：几何直观上我们发现过定点 P 的割线 $\xrightarrow{Q \to P}$ 在点 P 处的切线，请问如何用代数刻画？

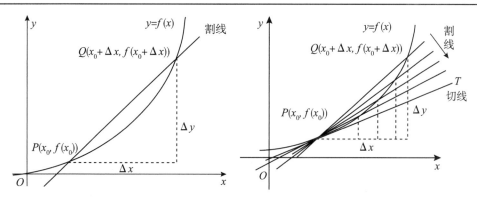

切线的定义：设曲线 C 是函数的图像，在曲线 C 上取一点及临近一点，作割线 PQ，当点 Q 沿着曲线无限逼近点 P 时，如果割线有一个极限位置 PT，那么直线 PT 叫作曲线在点 P 处的切线。

导数几何意义：函数 $y=f(x)$ 在点 x_0 处的导数就是函数在该点处切线的斜率。

问题 10：我们是怎样定义圆的切线的？

答：如果直线和圆有唯一公共点，则这条直线叫作圆的切线；若有两个交点，则这条直线叫作圆的割线。

判断：l_1 是否为曲线在点 A 处的切线？l_2 是否为曲线在点 B 处的切线？

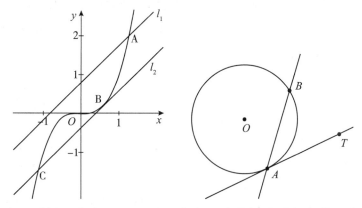

讲授：在点 P 附近，曲线 $f(x)$ 可以用在点 P 处的切线近似代替。我们把这种思想称为"以直代曲"的思想。在这里"以直代曲"的作用是：若要分析曲线在 x_0 附近的变化情况，只有作出在 x_0 处切线，分析该切线，得出 k，即知道 $f'(x_0)$，从而知道曲线在该点处升降变化情况。

结束语：毋庸置疑，随着现代科学的发展和各学科间的相互交融，微积分与数学仍将会得到进一步丰富和发展。希望同学们努力学习微积分，进一步将微积分和数学的理论应用于实践，为人类社会作出更大的贡献。

通过具体实例计算进一步理解函数的导数的意义，同时总结出导数的一般求法，帮助学生了解由特殊到一般的思维规律，能使学生的数学思维方式得到发展，有效提升学生数学学科的核心素养。

3. 课后

【课后总结·自主训练】

课后作业：

完成相应习题，尝试画出本节知识结构图。

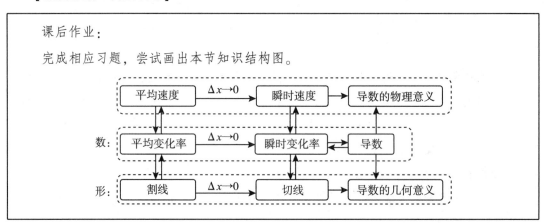

相较于其他学科，数学学习更加困难，而本节导数的相关知识需要学生拥有较强的逻辑思维和想象能力。因此总结与归纳是一种很好的强化方法。张志锋老师以学生为中心，不仅布置精选适量的课后习题，减轻学生负担，而且注重加强学生的课后总结能力，通过思维导图复习反思所学知识，增强学生的数学学习效果。

【课后总结·矫正反思】

对学生的作业进行评价，最后总结：一图二义三思想

一图：知识网络图

二义：

(1) 导数的定义：$f'(x) = \lim\limits_{\Delta x \to 0} \dfrac{\Delta y}{\Delta x} = \lim\limits_{\Delta x \to 0} \dfrac{f(x + \Delta x) - f(x)}{\Delta x}$。

(2) 导数的几何意义：函数在某点处的切线斜率等于该点出的导数值。

$$k_{切} = f'(x_0) = \lim\limits_{\Delta x \to 0} \frac{\Delta y}{\Delta x} = \lim\limits_{\Delta x \to 0} \frac{f(x_0 + \Delta x) - f(x_0)}{\Delta x}$$

三思想：逼近的思想，以直代曲的思想，数形结合的思想。

教学评价是对学生学习、作业完成情况的反馈，通过教学评价，学生可以了解自身的

短板和不足，教师也可以发现学生存在的问题，以及作业设计改进的方向。① 张志锋老师在评价学生的作业时，不仅关注到学生作业完成的正确率，更关注到了学生对作业的态度，保持及时、准确、客观的心态。同时，在讲评课上张志锋老师还为学生进行总结归纳，帮助学生填补知识漏洞，再次进行学习巩固，培养综合解答能力。

三、教师感悟

作为决定高考成败的数学学科，睿升学校的每一位数学老师通力合作，团结奋进，就新教材的使用、新课程的实施开展了一系列的教学改革实践工作，教育观念、教学方式、教学行为也相应做出了一定的改变，也取得了明显的成绩，受到学校领导的肯定和学生的一致好评。而我在这一过程中也有较多教学收获，可以简单总结为以下几点：

1. 注重核心素养的培养

高中阶段数学学科核心素养包括：数学抽象、逻辑推理、数学建模、直观想象、数学运算和数据分析，这对高中生的空间想象力、推理论证能力、抽象概括能力、运算求解能力、数据处理能力以及应用创新意识提出了要求。因此在教学过程中教师应当重视学生核心素养的培养，为学生的全面发展做足准备。例如可通过具体案例到抽象结论的训练培养数学抽象核心素养；通过观察图形与数字之间的关系逐步培养学生的直观想象核心素养；通过概率、统计等相关数据问题的研究计算培养学生的数据分析素养等，综合发展学生的理性思维。

2. 关注中国文化的传承

高中数学教科书中涵盖了丰富的数学文化，表现形式多种多样，能够帮助学生更好地理解数学知识。教师在备课时不能只着眼于知识的传授，同样也要站在学生的角度关注数学知识的发展历程、历史变化、人文价值和现实意义，在课堂中穿插有机渗透数学思想方法，培养学生的科学精神和人文素养。例如，在有关数学概念的课堂教学过程中，教师可以挖掘概念背后的文化背景，联系中国历史，以此为情境激发学生的学习兴趣，加深学生对于数学知识的理解，落实数学文化教育。

3. 融合信息技术辅助教学

高中数学许多知识点较为抽象，学生对老师课堂口述的理解可能会出现偏差。因此教

① 朱敏燕. 新高考模式下高中数学作业个性化设计[J]. 新课程研究，2022(26)：10-12.

师可借助一定的信息技术手段辅助教学，帮助学生直观认识和掌握。例如在讲授圆锥曲线相关内容时，教师可以利用几何画板绘制椭圆、双曲线、抛物线等曲线，探究 a、b、c 三者之间的关系；在讲解空间几何体等知识时，教师可以利用 flash 动画或其他程序让学生观看动态立体图像，找出线、面之间的关系，帮助学生进行具象化表达。

英 语 学 科

随着社会生活信息化与经济活动全球化的深入推进，英语作为一门国际通用语言已被世界各国广泛认同，成为国际交往过程中的重要语言工具。而作为一门语言课程，普通高中英语是以落实立德树人为根本任务、以培养学生英语学科核心素养为课程目标、兼具工具性与人文性特征的基础文化课程。① 学生从小学开始接触英语，直至高中，对英语学科特点的认识不断加深。但是许多学生小学初中阶段英语成绩较高，但到了高中英语学科却并不优秀，究其原因，主要在于两方面：一方面，相较于初中，高中英语的词汇量大幅度增加，语法、句式复杂多变，教科书内的课文系统性与连贯性增强，学习难度也相应大大提高，学生若是单纯依靠死记硬背等方法是无法真正掌握知识点从而考到满意的成绩；另一方面，高中英语注重学生听、说、读、写全面发展，在教学中培养学生的综合语言能力，这对学生提出了较高的要求，部分学生反映考试时听力语速过快，阅读篇幅较长、题材广泛，对写作的要求不断提高，难度的增加使学生逐渐对英语失去了学习兴趣。

针对以上问题，睿升学校的英语教师在不断摸索中找到适合高中学生的最佳英语学习方法，在实际教学中借助多样化的教学情境激发学生的学习兴趣，将教材内容讲授与听力理解、阅读分析、作文写作等题型相结合，注重利用课堂开展"实践育人"活动，采用"三步翻转六步教学"方法提高学生的英语成绩。本书借助睿升学校英语老师谢素文的教学设计作为案例进行分析，向读者介绍睿升学校"实践育人"理念是怎样体现在英语学科教学当中。

一、教 师 介 绍

姓名：谢素文

教授学科：英语

---

① 项思琪，江玉娥. 基于英语学科核心素养的高中英语阅读教学研究综述［J］. 教育观察，2021，10（27）：87-90.

二、教 学 案 例

教学案例设计：Present An Argumentative about Space Exploration

武汉睿升学校　谢素文

(一)基本信息

教材：高中人教版 Book3

课型：读写结合课

课时：1 课时

设计意图：

该板块的活动主题是"阐述有关太空探索的论点"(Present An Argumentative about Space Exploration)。尽管人类在航天航空事业上取得了伟大的成就，但是关于"人类探索太空是否值得"这个问题，争议一直存在。本单元的读写板块从这个争议出发，让学生阅读一篇相关主题议论文以了解人们对待这个问题的不同态度与视角。阅读文本是一篇典型的议论文，从文章结构来看，此文采用"总—分—总"的论述安排，即先提出论点，而后从多个方面论述，最后总结归纳发表结论。通过阅读，学生既要理解太空探索需要付出的代价，又要认识到太空科技对人类生活的影响。课堂最后，学生需结合自己的理解发表对这个问题的看法，写成一篇小作文，从而提升自己的批判性思维能力。

教学目标：

本单元隶属于"人与自然"主题语境下"太空探索"主题群。通过本单元的学习，学生应了解人类不断探索太空的历史，熟知太空探索史上具有划时代意义的重大历史事件，感受科学家和航天英雄在探索太空奥秘过程中不畏艰难、勇于奋斗、甘于奉献的精神，从而培养自身的探索精神和谋求人类和平与发展的意识。具体来说，本课时的教学目标可分为以下三点：

(1)阅读理解文本(To read the essay about space exploration and answer the questions)。

(2)文本结构与语言分析(To learn the organization and language features)。

(3)完成写作(To write about opinions about space exploration)。

教学重点：

(1)厘清议论文的文本结构特征，把握议论文的内容与语言特征，熟悉掌握议论文的写作方法。

(2)迁移写作，完成"太空探索是否值得"的议论文写作。

教学难点：

(1)分析和评判关于太空探索的不同立场和态度。

(2)学会质疑、分析和甄别论据的可靠性。

(3)能够以全面的、发展的观点来评判科技发展带来的利和弊。

(二)教学过程

1. 课前

【课前准备·自主预习】

> 在"课前自主预习"环节，提前布置任务：
>
> (1)通读教材内容，根据听力材料纠正发音，理解课文内容。
>
> (2)充分搜集当前世界对太空探索的不同立场和态度观点的信息，进行总结归纳。

已有研究表明，英语学习者的发音水平与听力呈正相关关系。[①] 因此，在课前自主预习环节，睿升学校的英语教师注重学生听、说、读等技能的培养，利用每天早晚自习的英语听力练习时间帮助学生纠正单词发音，增强其听力阅读理解能力。同时，在信息搜集过程中，睿升教师鼓励学生敢于质疑、勇于分析，甄别信息来源的可靠性，尝试用全面、发展的观点评判科技发展给人类社会带来的利和弊，培养辩证思维。

【课前准备·生成反馈】

> (1)对课文内容有一定理解的基础上，尝试分析议论文框架结构，找出课文主题句。
>
> (2)综合搜集到的信息，提炼观点，小组内成员相互交流，记录新生成的问题，留待课堂上解决。

睿升老师利用问题促使学生深入思考，关注英语语篇中信息的获取与处理，让学生带着目的阅读材料，根据问题调整阅读速度，为正式考试提前做足准备。另外，小组讨论能帮助学生快速切入问题最本质的部分："你是否认同太空探索就是浪费金钱与资源"，学生在交流观点的过程中全面思考，为课堂写作做足准备。

---

① 刘晓明．大学生英语发音与听力水平相关性研究[J]．安徽农业大学学报(社会科学版)，2009，18(03)：129-134.

2. 课中

【课堂教学·师生互动】

Activity 1：Lead-in（2mins）

课堂活动 1：导入（2 分钟）

Using an open question "Many scientists insist：space exploration wastes much money and resources，do you agree?" to activate students' information about space exploration.

运用一个开放性问题提问："许多科学家坚持认为：太空探索就是浪费金钱和资源，你认同这个观点吗?"

Then，with the aid of video clip，students know more of the achievements about space exploration in our daily life.

运用剪辑视频，让学生了解更多的太空探索所取得的成就在日常生活中的运用。

Activity 2：Read for content and structure（9mins）

课堂活动 2：阅读文章内容，分析文本框架结构（9 分钟）

问题引领：

（1）What's the main idea of this passage? 本文的主旨大意是什么？

（2）What's the main idea of each paragraph? 本文每个自然段的大意是什么？

（3）Analyze the structure and elements of this passage using a mind map.

用思维导图的形式分析本文的框架结构，及文体的各个要素。

学生尝试回答问题，教师从旁引导纠正。

Activity 3：Read for language features（9mins）

课堂活动 3：研读文章，分析语言特征（9 分钟）

问题引领：

（1）Read the first paragraph and underline the different opinions about space exploration. 阅读第一段，画出关于太空探索的不同观点的句子。

（2）Find the three topic sentences that summarise the writer's arguments about space exploration. 找出能归纳作者关于太空探索的观点的三个主题句。

（3）Underline the sentence that repeats the writer's opinion in the last paragraph. 在最后一段画出再次应证了作者观点的句子。

小组讨论后，学生尝试回答问题，教师从旁引导纠正。

首先，睿升老师通过提问引导学生整体把握文本内容，梳理概括文章大意。其次，教师带领学生由表层信息上升到篇章结构的深层次分析，引出议论文的三个要素：论点

（thesis）、论据（arguments）、结论（conclusion），让学生以小组形式讨论这几个要素的特点，由具体思维过渡到抽象思维，通过提取信息培养学生概括归纳能力。最后，引导学生深入理解议论文的结构特点，并按照议论文的要素将文本进行梳理、分类、整合，加强学生写作谋篇布局意识，为日后考试写作奠定基础，落实"实践育人"理念。

【课堂教学·知识运用】

Activity 4：Pre-writing（4mins）

课堂活动4：写作指导(4分钟)

Use what you have learnt to write about your opinion about space exploration. 运用所学，写出你对太空探索的看法。

Group discussion. Ask students to list the outline of the argumentative essay in groups, then invite some students to share their achievements.

小组讨论的方式后，让学生列出写作提纲，然后邀请同学展示成果。

Activity 5：Writing（13mins）

课堂活动5：写作(13分钟)

Ask students to finish the first draft. 完成写作任务。

Activity 6：Post-Writing（8mins）

课堂活动6：互评作文(8分钟)

Guide the students to exchange the drafts with their partners and evaluate the drafts with the criteria in the text book（page45）. Then invite the students who get the highest marks to make a presentation.

指导学生在学习小组内互换作文，依据教材第45页的评价标准进行交叉评价。然后请得分高的同学在全班展示。

在知识运用环节，谢素文老师从学生写作主要遇到的困难入手，为学生提供写作指导，再通过小组合作讨论，让学生宏观感受到太空探索对人类社会文明进程起到的积极作用以及存在的风险，从而达到一种愉快输出、渴望表达的情感状态。学生在小组内分工合作，列出议论文写作提纲，在写作过程中内化所学内容，将其转化为自主能力，独立完成初稿。之后，采取同学互评的评价方式，让学生对结构清晰、语句通顺、内容合乎逻辑、有条理的优秀作文标准有了详细具体的认识。另外，学生在互换初稿、相互评价的同时也会反思自己的习作，促进知识的进一步内化，形成良好的自我反思能力。课堂最后展示优秀习作，学生共同赏析，能引导学生勇于自我展示，增强学习动力，同时教师也可自然引入优秀作文的写作技巧，帮助学生更好地完成议论文写作。

3. 课后

【课后总结·自主训练】

课后练习：

Practicing writing an argumentative essay.

最近，你们班同学就"太空探索是否值得"这一话题展开了一场讨论。请你根据以下提供的信息，用英语写一篇短文介绍讨论的情况，并谈谈自己的看法。

30%的同学认为：

(1)不值得探索。

(2)离我们及日常生活太遥远。

(3)浪费金钱，这些金钱本可用来解决地球上的饥饿、污染等问题。

70%的同学认为：

(1)值得探索。

(2)已使用卫星进行通信传播、天气预报。

(3)有望解决地球人口、能源短缺等问题。

请将所写文章认真修改完成，并以手抄报的形式展示出来。

通过深入讨论"人类耗费时间和金钱去探索太空是否值得"这一话题，谢素文老师鼓励学生持续关注国际太空探索进程新闻，开阔学生视野，增长相关见识，积累词汇表达，让学生感受和体会全体科学家以及宇航员为航天航空事业发展持之以恒、勇于开拓、不畏艰难的精神。同时，教师将设计手抄报作为课后作业，运用图文结合的形式调动学生的学习积极性。

【课后总结·矫正反思】

课后作业总结评价：对上交的手抄报进行筛选和评比，选出优秀作文进行展示。

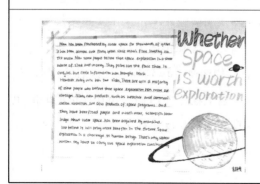

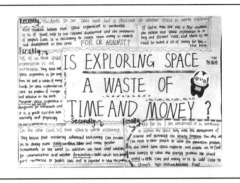

以绘制手抄报的形式写出这篇文章，自然需要许多应景的插图和背景。课后谢素文老师再次激励学生搜集整合已有信息，辩证使用相关材料，让学生明白人类探索太空的历史背后反映的是不断进取的精神，只有延续此精神，才能突破极限，走向更广阔的宇宙。而手抄报是一种能以艺术插图做背景、传递情怀的工具，在某种程度上也能提高学生的审美情趣。

如何用好新教材中的"读写结合板块"来培养学生的读写能力？这是谢素文老师一直在思索和尝试的课题。而本节课的亮点在于：构建写作与阅读之间的主题关联，用贴近时代生活的真实情境增强学生的写作动机。阅读与写作并不是完全独立的两个模块，而是相辅相成、相互促进的关系。阅读可为写作服务，教师应把握阅读与写作之间的教学关系，重视读写教学的整合设计，实现以读促写，读写结合，切切实实提升学生的语言能力、思维品质以及文化意识，让学生有话想写，有话可写，有话能写。

三、教 师 感 悟

在新课改的发展趋势之下，我与众多睿升学校的英语教师积极投身于教改工作当中，以课程标准为指导，坚持兢兢业业、勤勤恳恳的工作作风，坚持旺盛的学习热情和进取欲望，不断汲取现代教育理论的精华，每周组织集体备课，合作学习，相互研讨，共同进步。同时，在教学方面我们也相应取得了一定的成就，在实践活动的开展过程中整体提升了学生的听、说、读、写多方面技能。总体而言，我对英语学科近些年的教学总结可以概括为以下几点：

1. 坚持常规教学，狠抓课堂教学质量

对于落实教学常规的各个环节，睿升学校在备课时专门强调了教师个人要落实备课、上课、作业、辅导、考察等教学环节的督促、管理工作，并将教学重点放在加强学生英语

基础知识、提升英语阅读理解能力、重视写作语言表达等方面，督促学生在早晚自习落实英语词汇、语法、句型的理解与掌握，抓好课后阅读与写作训练，并强调导师制工作的落实。

2. 面向全体学生，为学生全面发展奠定基础

睿升学校的教育不是只针对优异的学生，而是面向全体学生，教育方法因人而异、因材施教。对于英语学科的教学，我与众多老师在日常生活中创设各种情景，鼓励学生大胆使用英语，对他们朗读时出现的发音错误与失误采取宽容态度。同时，为学生提供自主学习和直接交流的机会，组织开展单词竞赛、英语诗朗诵、英语情景剧排练等课外活动，让学生能充分表现自我，培养英语学习自信心，进而获得全方面进步发展。另外，课堂以及课后时间教师都会有意识地提出可供学生探究的问题，学生自发以小组形式分析解决，在自思、自控过程中发展自主学习能力，培养良好的学习习惯。

3. 指导学生学习策略，让学生逐步学会和适用

在日常教学过程中，教师应当注意不要一味追求"纸上谈兵"，而是针对每位学生的实际情况进行具体指导，践行"实践育人"理念。一方面，针对大多数学生提出的词汇问题，可引导学生结合语境，采用推测、查阅和协调等方法进行学习，对于拿不准的词汇要充分利用好词典这一工具；另一方面，引导学生在学习过程中进行自我评价，根据需要调整自我学习目标和学习策略，关注学习有困难的学生并适当给予建议，可以在恰当时机创造机会让学生得以提升。

4. 关注学生情感，创造民主和谐的教学气氛

学生只有对自我、对英语及其文化保持积极进取的情感，才能坚持英语学习的动力并取得满意的成绩。但刻板的情态不仅仅会影响英语学习的效果，还会影响师生之间的关系。因此我与众多英语老师努力创造宽松、民主、和谐的教学空间，尊重每一位学生，保护他们的自尊心和进取性。同时建立融洽、民主的师生交流渠道，与学生一齐反思学习过程和学习效果，相互鼓励，发展合作精神。

物　理　学　科

　　物理学是由物理概念和相关规律组成的一门系统性很强的学科，是观察、实验和思维的产物。与初中物理相比，高中物理知识的难度、广度、深度明显增加，同数学计算知识的联系更加密切，也更注重物理过程的分析以及研究方法的培养。同时，对学生多角度思考分析的能力也提出了更高的要求。高中物理学科的特点决定了学生必须采用动态和静态、抽象与形象等相互对立、互为补充的思维方法来开展学习活动。[①] 长期以来，高中物理一直是让学生"最头痛"的课程之一，不少高中生表示物理太难学，大多数情况下"课本能听懂、公式都记得，但考试时就是束手无策完全不会"。

　　针对部分学生物理学习方法欠缺、抽象发散思维较差的情况，睿升学校的物理老师秉持"实践育人"理念，定期进行备课会议，集思广益，沟通探讨，创新教学思路，帮助学生克服对物理学科的畏难情绪。至今为止，睿升物理老师使用"三步翻转六步教学"方法开展教学并取得了一定的成效。本书借助睿升物理老师熊亮的教学设计"探究碰撞中的规律"来展现睿升的物理老师是怎样引导学生培养自主学习能力、重拾对物理的信心。

一、教师介绍

姓名：熊亮

教授学科：物理

二、教学案例

教学案例设计：探究碰撞中的规律

武汉睿升学校　　熊亮

（一）基本信息

教材：高中人教版选择性必修 第一册

---

① 刘铭峰. 对高中新生对物理感到困惑的一点探讨[J]. 和田师范专科学校学报，2004(02)：120-121.

课型：探究课

课时：1 课时

设计意图：

本节课是在"动量守恒定律"大单元主题中，尝试利用实际生活中的碰撞情境，引导学生探究利用"伽利略建立理想模型"的方法，将实际情境抽象为物理模型，以解决问题为导向，通过实验操作、观看视频、讨论交流、推理论证等过程，强化学生所学的物理观念——动量守恒，侧重发展学生的建模能力、推理能力、探究和交流能力，将评价和学习过程紧密结合起来。

教学目标：

(1)学习从实际情境中抽提物理现象，锻炼获取信息、处理信息、建立物理模型的能力。

(2)知道在建立物理模型中"懂得忽略什么与懂得重视什么同等重要"。

(3)掌握弹性碰撞的规律，会由"一动碰一静"基础模型推广到"两动相碰"情境的计算。

(4)会利用弹性碰撞的速度关系来检验计算的结果是否正确。

(二) 教学过程

1. 课前

【课前准备·自主预习】

> 将全班学生划分为 6 人小组，布置预习探究任务。
>
> **情境 1**：让一个乒乓球从 1m 高处自由下落，落到水泥地面上。分析以下三个问题：
>
> **问题 1**：请你估算下它落地时的速度大约为多少？
>
> **问题 2**：你能估算它可以反弹多高吗？试一试，看看你估算的是否准确？
>
> **问题 3**：你觉得如何可以使得乒乓球反弹得更高呢？试一试！
>
> 提示学生按照小组合作的方式进行理论计算和实验检验两种方式来解决实际问题。

根据教学目标和教材内容，设置合理现实的情境与预习问题，学生以小组的形式进行计算讨论与实验验证，激起学生的物理学习兴趣，让学生不断思考、主动实践，培养学生的自主学习与探究能力。

【课前准备·生成反馈】

> 学生通过讨论计算、实验尝试得出结果，准备课上进行实验演示。
>
> 同时，记录预习过程中生成的新问题，等待上课解决。

在睿升学校，学生预习不仅仅是看教材、做习题、记定义，而是老师希望学生真正做到深入思考，在对课本知识有一定了解的基础上产生新的问题反馈，从感性认识层面上升到本质分析层面。只有带着问题进入课堂听讲才能真正"学有所得"。

2. 课中

【课堂教学·师生互动】

> **【情境引入】**
> 请某个小组中的两名同学上讲台，分工展示情境 1 的预习成果。

学生活动	教师活动
同学一：进行乒乓球自由下落 1m 的简易实验，并多次粗略测量其反弹的高度，计算其平均值，作为其反弹的高度的数值。 同学二：分析计算依据，展示理论计算结果。并解释理论计算结果和实验数据差别的原因。 同学一：演示使乒乓球反弹地更高的方法。若有需要，可请其他小组的学生进行方法补充。 小组讨论：该小组两位同学的处理方式与自己所在小组的处理方式是否相同，哪种方式更加合理。	①对小组展示从预习效果、思维逻辑、实验操作等方面进行评价。 ②引导学生得出在考虑空气作用时，可以将阻力视为恒力的依据，并假设阻力为 f，通过下落和反弹的高度计算出 f 的大小

针对预习内容，睿升学校的老师不会"一笔带过"，而是借助物理动手实验，在师生互动讨论的过程中检验并评价学生的预习效果，重视物理情境的创设，营造轻松活跃的课堂氛围，降低学生对物理学科的畏难情绪，保护学生学习物理的积极性。

【课堂教学·知识运用】

> **【探究活动】**
> **情境 2**：将乒乓球放入装有水的水杯中，两者一起从 1m 高处自由下落，落到水泥地面上。
> **问题 1**：你觉得乒乓球会冲到水底再缓缓浮起？还是会立即被水反弹？

学生活动	教师活动
分小组讨论并阐述自己的观点，给出相关理由。 请一位学生上台演示乒乓球随水杯一起下落的实验。	评价学生观点的合理性。 指导学生完成演示实验。

问题2：你观察到了什么？请你分析这个过程中包含哪些你所学过的物理知识？

学生活动	教师活动
分小组讨论演示实验中的现象，组织语言。 选择某一小组的成员阐述其中包含的物理知识，其他小组进行补充。	指导学生归纳。

问题3：若不计空气阻力，不考虑能量损失，你能抽象出哪些物理模型？

将演示实验过程用高清摄像机拍摄下来，慢放，逐帧分析，学生在老师指导下建立物理模型，理解忽略某些条件的重要性，最终抽象出四个主要过程：

第一个过程：乒乓球，水，水杯整体自由落体。

第二个过程：水杯(含水)撞击地面弹性碰撞。

第三个过程：水与乒乓球的迎面(相向)弹性碰撞。

第四个过程：乒乓球的竖直上抛。

问题4：尝试通过理论计算，判断乒乓球最多可以反弹多高？

学生活动	教师活动
①小组讨论，假设计算需要的物理量，确定涉及的物理规律【假设乒乓球的质量为 m，水(含水杯)的质量为 M，下落高度为 h】。 ②推理演算，得出"水的质量远大于乒乓球质量时，乒乓球反弹最高"这一结论。 ③请几位同学评价黑板上同学的演算过程，若有问题则进行改正。	①在小组讨论完成后，请两位同学在黑板上演算。 ②对学生的评价和演算进行再评价。 ③引导学生掌握由"一动碰一静"模型推广到"两动相碰"情境的计算

情境3：

①将一个网球叠放在篮球的上面，让两者同时下落，观察现象。

②了解"伽利略炮"的原理(观看视频)。

　　睿升学校内的物理老师挖掘课本中的教学素材，借助灵活多变、难度不断提升的课堂任务情境，化抽象为具体，引导学生深入探究"碰撞中的规律"，培养学生的现象观察、实验操作与逻辑思维等能力。另一方面，学生能在老师的指导下通过自学与讨论的方式构建物理模型，体会"提出问题、分析问题、解决问题"的过程，在自主发展、合作参与与创新实践等方面获得提升，进而达到实践育人的目的。

3. 课后

【课后总结·自主训练】

【当堂训练】

如图所示，两质量分别为 m_1 和 m_2 的弹性小球叠放在一起，从高度为 h 处自由落下，且远大于两小球半径，所有的碰撞都是完全弹性碰撞，且都发生在竖直方向。已知 $m_2 = 3m_1$，则小球 m_1 反弹后能达到的高度为多少？小球 m_2 反弹后能达到的高度为多少？

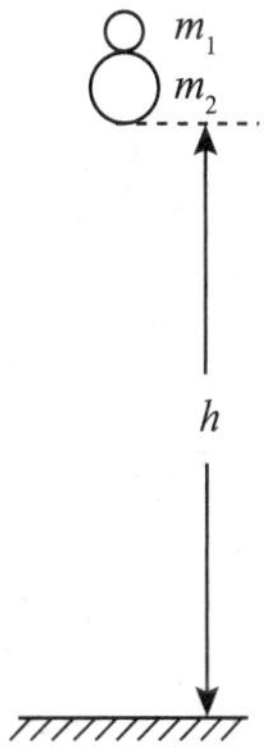

学生活动	教师活动
①学生独立计算。②小组讨论检验计算过程，得出结果。③小组展示计算过程，在老师的指导下利用弹性碰撞的速度关系来检验计算的结果是否正确。	①请小组展示计算过程。②评价计算过程。

课堂上检验学生是否已掌握知识的最好方法就是借助习题训练。睿升的老师在教学时总会有意识地留出部分课堂时间让学生完成"当堂训练"，检查学生的学习情况，找出知识盲区，针对易错点进行讲解或是调整后续的教学进度，通过师生合作构建清晰的知识框架体系辅助学生将其彻底掌握。

【课后总结·矫正反思】

【课堂小结】

学生分组讨论、总结归纳收获；教师点评、补充。

【课后作业】

完成下发的习题。

只是在课堂上掌握知识还远远不够，更需要大量的习题复习巩固所学知识，锻炼学生的解题思路，理解并深化每日所学。睿升物理老师不是随意照抄教辅上的习题，而是针对每个班级学生的水平、表现进行挑选，借助真实性的情境分层设计作业，促进学生对物理知识和学科价值的理解。

三、教师感悟

围绕学校工作计划、各年级教学工作计划和学校教学科研工作计划，我认真研究了《普通高中物理课程标准(2017年版、2020年修订)》和《中国高考评价体系》，树立新的教学理念并将之落实到教学实践当中，开展课堂教学研究的同时，确保教学质量稳步提高，使学生更加系统地掌握物理知识，增强分析问题、解决问题的能力，提高学生的物理成绩。同时，受新冠肺炎疫情的影响，我也积极学习了网络教学技术，确保线上授课能正常开展。总体而言，我对这些年睿升物理教学工作的回顾与感悟如下：

1. 紧抓课堂教学，提高课堂教学质量

在课前准备层面，要认真钻研教材。老师对教材的基本思想、基本概念，甚至是每句话、每个字都弄清楚，了解教材的结构、重点以及难点，掌握知识的逻辑，能在实际教学当中运用自如，知道应补充哪些知识、如何安排每节课的活动、怎样才能教好学生。

在课堂教学层面，老师要常营造良好的课堂氛围，引导学生重视"理论联系实际"的分析和训练。当前高考越来越重视对实际生活情境类的考查，而教材内每一章节都存在这样的题目，教师应当注意挖掘，"去粗取精"。特别是电学部分的学习，教师需指导学生既掌握用实际生活经验分析情境类问题，又会用所学的物理规律、物理模型去深化对情境类热点问题的理解。

在课后总结层面，老师需抓紧抓好批改、教导以及单元验收等工作。通过批改作业可以了解学生对知识的掌握情况，并有目的地引导学生学会审题，主要是锻炼学生克服题干阅读障碍、提取信息障碍、信息再加工障碍等，在新情境类问题中抽象出物理模型。老师可以围绕热点主线设置背景材料，组织各种题型，对同一热点可从不同角度用多种题型进行分析。同时，教师还要指导学生自主编制知识网络，使学生形成科学的理性思维。

2. 实施分类教学，增强学生自主学习习惯的培养

在教学过程中，我们要兼顾全体学生，难易有度，激励尖子生，鼓励后进生。在课堂上加强对学生自主学习能力的培养，教会他们自学的方法，引导学生学会怎样进行课前预习、如何记录预习过程中的疑难问题、如何与老师同学讨论等方面，从而提高学习效率，提升学生的学习自信心，帮助学生养成学习习惯。此外，教师也应注意物理学特殊方法的

训练，如对称法、守恒法、图像法、等效法等方法，强调"一题多解""一法多用"，从中体会不同方法，处理不同问题的优劣。

3. 认真编写练习，出好每一份试题试卷

练习要做到知识点全面、重难点适中。练习的宗旨是大部分学生通过努力能单独完成练习，能检验学生的基础知识，同时注重对学生学习迁移能力的考查。教师需要明确的一点是要将规范性训练融入每节课内，贯穿始终，让学生形成严谨的思维，例如计量单位规范、数值位数规范、实验操作规范、解题格式规范等方面。

化 学 学 科

　　化学是一门以实验为基础，研究物质组成、结构、性质及其变化规律的自然学科，具有独特的学科特点与魅力。学生学习化学之后能深刻认识到化学对世界的重要性，能用辩证的视角看待化学对人类生活环境的影响。然而相较于初中化学内容，高中化学知识具有"深""杂""混""变""特"等特征：教科书内的大部分知识点较为抽象、深奥、分散、零碎，意思相近易混淆的内容较多，涉及的理论较为抽象，学生常常会感到高中化学知识体系过于复杂，难以理解化学反应的原理实质，出现以偏概全的错误，导致学生较少得到成功体验，学习自信心也会相应降低，对化学学科产生畏难甚至恐惧心理。因此，高中化学教师应当针对化学学科特点优选教法，创设一定的实验探究活动或生活化情境，培养学生浓厚的化学学习兴趣。

　　基于此，睿升学校的化学教师以"实践育人"理念为导向，以发展学生的化学学科核心素养为主旋律，突出育人目的，关注知识内容与核心素养的融合，利用化学实验、化学史、探究活动等"活化"教材内的知识，精心设计教学内容，借助"三步翻转六步教学"方法推动学生主动进行化学学习活动，培养学生对化学学科的学习兴趣。本书以睿升学校化学老师吴刚的教学设计"化学反应与热能"作为典型案例，向读者展示睿升教师是如何从问题、知识、活动、素养等多角度帮助学生梳理化学知识框架，培养学生科学态度和自主解决化学问题的能力。

一、教师介绍

　　姓名：吴刚

　　教授学科：化学

二、教学案例

教学案例设计：化学反应与热能

武汉睿升学校　　吴刚

(一)基本信息

　　教材：高中人教版必修第二册

课型：实验探究课

课时：1课时

设计意图：

本节内容是对学生在初中学习到的"化学反应在发生物质变化的同时伴随有能量变化"这一知识的深化，让学生在真实的情境中体验能量转化的重要应用，感受宏观和微观之间的联系。通过分析推测生活中"自热小火锅"的发热原理，初步培养"证据推理"能力；通过实验探究和已有经验分析化学反应中的能量变化，知道常见的吸热反应与放热反应，培养"证据推理与模型认知"学科核心素养，发展"科学探究"能力；通过化学键的断裂与形成、反应物和生成物所具有的能量两个角度理解化学反应能量变化的主要原因，提升"证据推理"能力，培养"宏观辨识与微观探析"的素养；最后，通过了解化学反应中能量变化在实际生产生活中的应用，迁移课堂所学知识，初步培养"科学态度与社会责任"的核心素养，让学生辩证看待化学学科。

教学重点：

化学反应中能量变化的本质；吸热反应、放热反应的概念。

教学难点：

从微观角度理解化学反应中能量的变化，建立科学的能量变化观念。

评价目标：

(1)通过对"自热小火锅"中"自热包"发热原理推测和分析，诊断并发展学生证据推理的能力(基于经验、基于概念理解、基于实验和推理水平)。

(2)通过学生对具体吸热反应和放热反应实验探究过程，诊断并发展学生实验探究的水平(定性水平、定量水平)。

(3)通过从宏观和微观两个角度理解化学反应中能量变化的主要原因，诊断并发展学生对能量变化的认识进阶水平(物质、元素、微粒水平)。

(4)通过对化学反应能量变化的利用，诊断并发展学生解决实际问题的能力水平(简单化学问题、简单实际问题、综合实际问题水平)，以及学生对化学价值的认识水平(学科价值、社会价值、学科和社会价值视角)。

教学流程见下图。

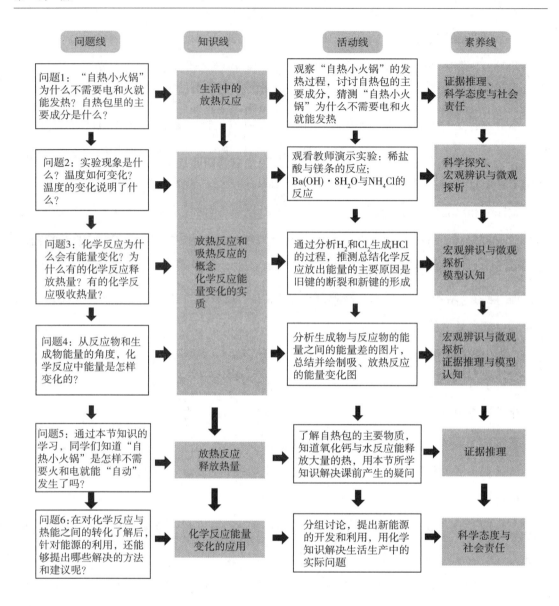

问题线	知识线	活动线	素养线
问题1:"自热小火锅"为什么不需要电和火就能发热?自热包里的主要成分是什么?	生活中的放热反应	观察"自热小火锅"的发热过程,讨论自热包的主要成分,猜测"自热小火锅"为什么不需要电和火就能发热	证据推理、科学态度与社会责任
问题2:实验现象是什么?温度如何变化?温度的变化说明了什么?	放热反应和吸热反应的概念 化学反应能量变化的实质	观看教师演示实验:稀盐酸与镁条的反应;$Ba(OH)_2 \cdot 8H_2O$与NH_4Cl的反应	科学探究、宏观辨识与微观探析
问题3:化学反应为什么会有能量变化?为什么有的化学反应释放热量?有的化学反应吸收热量?		通过分析H_2和Cl_2生成HCl的过程,推测总结化学反应放出能量的主要原因是旧键的断裂和新键的形成	宏观辨识与微观探析 模型认知
问题4:从反应物和生成物能量的角度,化学反应中能量是怎样变化的?		分析生成物与反应物的能量之间的能量差的图片,总结并绘制吸、放热反应的能量变化图	宏观辨识与微观探析 证据推理与模型认知
问题5:通过本节知识的学习,同学们知道"自热小火锅"是怎样不需要火和电就能"自动"发生了吗?	放热反应释放热量	了解自热包的主要物质,知道氧化钙与水反应能释放大量的热,用本节所学知识解决课前产生的疑问	证据推理
问题6:在对化学反应与热能之间的转化了解后,针对能源的利用,还能够提出哪些解决的方法和建议呢?	化学反应能量变化的应用	分组讨论,提出新能源的开发和利用,用化学知识解决生活生产中的实际问题	科学态度与社会责任

(二)教学过程

1. 课前

【课前准备·自主预习】

提前布置课前预习作业:

(1)预习教材内容,完成相应导学案。

(2)与小组成员一起探讨"自热小火锅"加热原理,设计实验方案,留待课堂讨论。

睿升学校一直提倡学生是学习和发展的主体，要把学习的主动权还给学生，培养他们的自主性、自觉性和积极性。因此在每堂化学课的课前预习时间，睿升化学备课组教师会将提前精选设计好的配套导学案分发给学生，将教科书中的对应知识点进行拆分组合，设计不同层次的问题，引导学生循序渐进，注重对学生学习思路的点拨。另外，以生活中常见的"自热小火锅"为问题情境，激发学生的探究兴致，利于学生以小组形式自学。

【课前准备·生成反馈】

学生需完成导学案的知识点填充以及例题，简述"自热小火锅"加热原理，尝试总结预习知识点，记录生成的新问题。

课前时间教师依据预习情况可提问导学案，总结预习知识点，根据预习情况适当调整教学进度。

在睿升学校，学生通过导学案的预习能初步找到知识点之间的相互联系，在讨论中思考、逐层理解突破，并基于针对性的题目进行巩固，在头脑中形成自己的知识体系，培养自学能力。同时，对于理解出现困难的知识或是知识掌握薄弱部分，可以保留至课堂上重点关注解决，带着问题开展探究活动，提高课堂学习效率。

2. 课中

【课堂教学·师生互动】

教学板块	教师活动	学生活动
创设情境引入新课	向学生展示"自热小火锅"以及发热包的成分图。 相信很多人都喜欢吃火锅，但有时又不想出门。这种情况下"自热小火锅"就成了一个较好的选择，可以解解我们的"火锅瘾"。它不需要通电，也不需要用火加热，方便快捷。为什么我们可以很方便地吃上热气腾腾的火锅呢？"自热小火锅"内的自热包中又有些什么物质呢？	观察并思考为什么"自热小火锅"会"自动"发热，并汇报课前小组讨论的答案。

教学板块	教师活动	学生活动
任务一：镁条与盐酸反应	过渡：有同学说是因为有化学反应发生，还有同学有不同的答案。到底是什么原理？让我们带着疑问走进课堂。 实验探究 1：教师演示镁条与盐酸的反应 实验前，用砂纸将镁条打磨光亮，观察现象，用温度计测量溶液温度的变化。 实验步骤： 【实验6-1】 在一支试管中加入 2 mL 2 mol/L 盐酸，并用温度计测量其温度。再向试管中放入用砂纸打磨光亮的镁条，观察现象，并测量溶液温度的变化。 提问：为什么要用砂纸打磨镁条，观察到怎样的实验现象？温度如何变化？ 归纳总结：根据实验，我们知道镁与盐酸反应温度会升高，放出热量。 在化学上，把释放热量的化学反应称为放热反应。	观察实验现象并记录。 学生回答：打磨镁条是因为要除去镁条表面的氧化镁，以免干扰镁和盐酸的反应。 实验现象：镁和盐酸反应，有气体产生，温度升高。
任务二：Ba(OH)$_2$·8H$_2$O 与 NH$_4$Cl 的反应	实验探究 2：教师演示Ba(OH)$_2$·8H$_2$O 与 NH$_4$Cl 的反应。 实验步骤： 【实验6-2】 将20 g Ba(OH)$_2$·8H$_2$O 晶体研细后与 10 g NH$_4$Cl 晶体一起放入烧杯中，并将烧杯放在滴有几滴水的木片上。用玻璃棒快速搅拌，闻到气味后迅速用玻璃片盖上烧杯，用手触摸杯壁下部，试着用手拿起烧杯。观察现象。 提问：你能观察到怎样的实验现象？温度如何变化？ 引导归纳：Ba(OH)$_2$·8H$_2$O 与 NH$_4$Cl 发生反应，温度降低，吸收热量。 在化学上，把吸收热量的化学反应称为吸热反应。	观察实验现象并记录。 学生回答：用手触摸烧杯壁下部，烧杯壁冰冷，木片上的水结冰，和烧杯底部黏在一起；温度降低。

教学板块	教师活动	学生活动
总结	引导：除了刚刚学习到的两个反应，常见的放热反应和吸热反应分别有哪些？（小组讨论尝试回答） 投影： 放热反应： ①燃料的燃烧反应。 ②酸碱中和反应。 ③大部分化合反应。 ④活泼金属与酸（水）的反应。 ⑤铝热反应。 吸热反应： ①大部分分解反应。 ②$C+CO_2=2CO$（条件：高温）。 ③$C+H_2O=CO+H_2$（条件：高温）。 ④$Ba(OH)_2 \cdot 8H_2O+NH_4Cl=BaCl_2+2NH_3 \cdot H_2O+8H_2O$。	学生讨论后尝试回答，记录教师投影上的内容，做好笔记。

睿升学校化学备课组教师在教学中归纳出：化学实验是学生建立感性认知、积累化学知识的主要途径。通过展示生活中的"自热小火锅"，教师将生活和化学知识联系起来，让学生认识到化学与生活息息相关，吸引学生的注意力，激发学生的学习兴趣。另外，教师通过实验操作演示，为学生树立遵守实验规范的榜样，在潜移默化之中让学生养成严谨细致的实验操作习惯，帮助学生更好地理解知识。

【课堂教学·知识运用】

教学板块	教师活动	学生活动
任务三：从微观和宏观的角度认识化学反应能量变化	过渡：通过实验初步认识了放热反应和吸热反应，那么化学反应过程中为什么会有能量变化？为什么有的化学反应释放热量？有的化学反应吸收热量？ 回顾旧知：化学反应的实质是旧键的形成和新键的形成，旧键断裂需要吸收能量，新键形成需要放出能量。 讲解：以氢气与氯气反应为例 $1molH_2$中含有$1molH-H$，在25℃、101KPa条件下，断开$1molH-H$变为H原子要吸收436kJ的能量，而由H原子形成$1molH-H$要放出436kJ的能量。	学生回顾旧知识，思考、讨论。

教学板块	教师活动	学生活动
	投影展示： $H_2(g)+Cl_2(g)=2HCl(g)$ 讲解：当断开 1mol H_2 中的 H－H 键需要吸收 436kJ 的能量，断开 1mol Cl_2 中的 Cl-Cl 键时需要吸收 243kJ 的能量，生成 2mol 的 HCl 需要放出 2×431kJ 的能量，这时候反应物断键吸收的能量 679kJ 小于生成物中形成新键释放的 862kJ 能量。总的来说，吸收的能量小于放出的总能量，说明整个化学反应过程是放出能量。 总结归纳：化学反应中能量的变化通常表现为热量的吸收和释放。当断键吸收的能量小于形成新键释放出的能量时，该化学反应过程总体来说是释放出热量，所以它是放热反应；同样，当断键吸收的能量大于形成新键释放出的能量时，该化学反应过程总体来说是吸收热量，所以它是吸热反应。 过渡：刚才从化学键的断裂和形成这个微观角度分析了化学反应为什么会伴随能量的变化，接下来就从宏观角度分析化学反应中能量变化的关系。不同的物质具有不同的能量，物质的组成、结构与状态不同，所具有的能量也不同，因此，一个化学反应是释放能量还是吸收能量与反应物总能量和生成物总能量的相对大小有关。 投影：	学 生 分 析、记录。

教学板块	教师活动	学生活动
	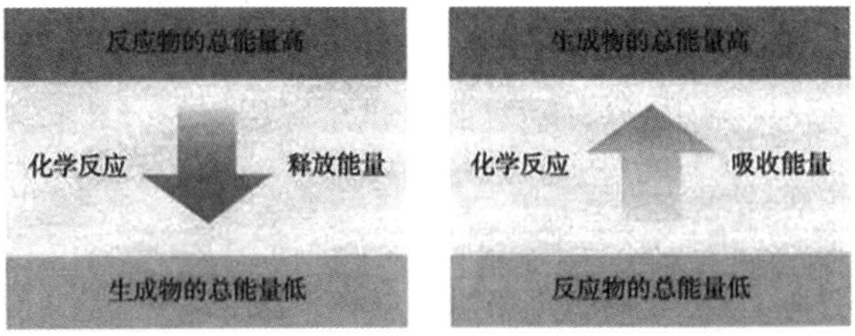 过渡：如上图所示，如果反应物总能量高于生成物总能量，在发生化学反应时，就会向环境释放能量，那么该反应就是放热反应；如果反应物总能量低于生成物总能量，在发生化学反应时，就会从环境中吸收能量，发生吸热反应。 归纳总结： 当 $E_{反应物} > E_{生成物}$，反应释放能量，发生放热反应。 当 $E_{反应物} < E_{生成物}$，反应吸收能量，发生吸热反应。 提问：请同学们试着用坐标图来表示放热反应和吸热反应的能量变化图，横坐标表示反应过程，纵坐标表示能量。 请几位学生展示，在讨论中得出正确图像。 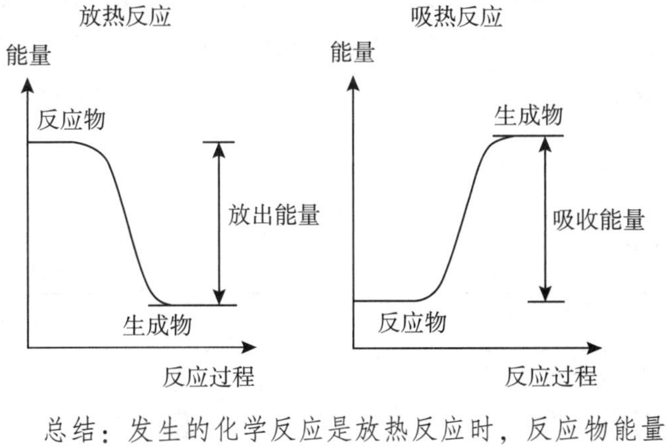 总结：发生的化学反应是放热反应时，反应物能量高于生成物能量，向环境放出能量；发生的化学反应是吸热反应时，反应物能量低于生成物能量，需从环境吸收能量。	学生绘制放热反应和吸热反应的能量变化图，上台展示，讨论得出正确答案。

教学板块	教师活动	学生活动
任务四：通过知识解决课前疑问	过渡：刚才已从微观和宏观角度进一步认识了吸热反应和放热反应，知道了化学反应能量变化的原因。那么现在请大家运用所学知识讨论更正"自热小火锅"的发热原理。 投影：展示发热包的主要成分 教师引导：加热包需要加水才能发热。 学生尝试回答。 归纳：因为发生了化学反应，并且该反应是放热反应，放出了大量的能量。	学生讨论、回答：发热包的主要成分是氧化钙，氧化钙可以和水反应，并且放出大量的热，发生了放热反应。

高中化学知识点虽然分散零碎，但前后皆有衔接，睿升教师始终坚持在教学中注重前后串联，用已学的知识解释新知识。学生在必修第一册学习了化学反应的本质是旧键的断裂和新键的形成，而在任务三中，吴刚老师带领学生回顾旧知，结合学生的认知水平和逻辑，进一步从微观层面深化新知识。另外，通过绘制能量变化图，引导学生对化学反应能量变化进行分析和总结，用本节所学知识解决课前疑问，理论联系实际，促进学生的学习迁移。

3. 课后

【课后总结·自主训练】

教学板块	教师活动	学生活动
任务五：交流应用	过渡：除发热包外，生活中还存在很多利用化学反应产生热能的实例。比如应用广泛的燃料燃烧反应，化石燃料作为人类利用最多的常规能源，如今也面临着两方面的问题：一是储存量有限，短期内不可再生，能源消费量与储存量之间的矛盾日益突显；二是煤和石油燃烧排放的粉尘、氮硫氧化物等是大气污染物的主要来源。 寻找新能源成为我们的必然选择，那么同学们知道有哪些新能源吗？	学生回答：太阳能、风能还有氢能

通过当今社会能量来源的介绍，引导学生关注社会问题，利用所学知识来解决实际问题，培养科学态度与社会责任的核心素养。

【课后总结·矫正反思】

> 布置作业：人类与日俱增的能源需求与能源危机如何应对？由化石能源引发的大气污染如何改善？请大家从这两方面收集资料并提出你们的观点。

课程思政建设是落实立德树人目标的关键环节。而针对本课学习内容，吴刚老师以能源需求与环境问题之间的关系为切入点，让学生自行探索搜集资料，增加对国情的了解，明确加强生态文明建设、实现美丽中国目标的重要性。

三、教师感悟

随着新高考改革的落实，睿升学校化学备课组就"新高考背景下如何提高高中化学教学成效"展开讨论，以《普通高中化学课程标准(2017年版、2020年修订)》为指导，结合已有的教学经验进行创新，提高化学教学质量，经过不断实践最终取得一定的成效。另外，睿升也在积极探索智慧课堂的创设，借助多样的实验室开展课外教学活动，丰富学生的学习生活。对我个人而言，也有了一定的教学经验，可以概括为以下几点：

1. 使用情境教学方式，调动学生的学习兴趣

不少同学反映化学枯燥、繁琐、复杂，这是因为教师没有找到适合学生的教学方法。高中化学的大部分知识与学生日常生活有着紧密的联系，教师在授课时需将生活与化学相结合，唤醒学生的学习热情，借助化学实验激起学生的探究兴趣，让学生主动参与到教学活动当中，提高教学效率。

2. 以学生为主体，构建完整的知识框架

新高考制度改革的宗旨正是"为了学生个性化发展"，因此教师只是课堂的引导者、组织者，主体依然是学生。在平时开展教学时，教师可引导学生进行自主探究学习或小组合作学习，调动课堂氛围，鼓励学生踊跃发言。同时教师要做好引导工作，串联前后知识，纠正学生头脑中的偏差认识，打破思维定式，帮助学生搭建正确的知识框架。

3. 以问题为线索，注重教材细节

教师可将教学重难点转化为一个个问题，形成系统、有逻辑、有层次的问题线，学生一步步深入探究，思维不断发生转换，在获得成功体验的基础上构建知识网络体系。此外，教师还要提醒学生注重对细节的把握，培养学生细心的学习习惯。

生 物 学 科

　　生物学又称生命科学，是一门经验学科。而在高中阶段生物是一门以概念为主的学科，能够让学生初步了解生物世界的基本特点，从而为更好地认识生物世界、形成生命意识奠定基础，对学生成长发挥着非常重要的作用。[①] 在某种程度上，高中生物学科可以说是"理科中的文科，文科中的理科"。有同学反映高中生物最明显的特点就是"不背书拿不了高分，但只背书同样拿不了高分"。这是因为相较于初中生物，高中生物学习内容多，教学节奏快，对学生的抽象思维能力、逻辑推理能力提出了更高层次的要求，部分学生缺少系统思维和综合能力训练，认为生物只要多背诵、多记忆就能学好，理解重视程度不够，没有养成良好的学习习惯，因此导致学生学习生物的兴趣随之降低，有时学习努力刻苦却难以拿到高分。[②] 随着教育改革的不断深化，高中生物教师应培养学生的科学思维，发展学生的核心素养，转变教育观念，提升教学能力，满足不同学生的个性化发展需求。

　　针对以上出现的问题，睿升学校生物备课组教师深入挖掘教科书中已有素材，创设教学情境，不断探索创新，将探究活动代入到日常课堂教学当中，落实"实践育人"理念，利用现代化信息技术激发学生的学习兴趣，运用"三步翻转六步教学"方法组织实践活动，提高学生成绩。本书以睿升学校生物老师蔡百慧的"细胞的增殖"教学设计作为典型案例，向读者展现睿升学校以实践为主的生物教学策略。

一、教 师 介 绍

姓名：蔡百慧

教授学科：生物

---

　　① 陈焕. 基于探究性学习的高中生物学科核心素养培养策略[J]. 西部素质教育，2022，8(16)：83-86.

　　② 王倩. 新高考、新课标背景下初高中生物衔接教学的探索[J]. 教育观察，2020，9(47)：131-134.

二、教 学 案 例

教学案例设计：细胞的增殖

武汉睿升学校　蔡百慧

（一）基本信息

教材：生物必修一分子与细胞

课型：新授课

课时：1 课时

设计意图：

本节课的内容设置在细胞的基本认识、细胞的组成、细胞的结构、细胞的物质运输和细胞的能量供应及利用等知识点之后，承上启下，围绕核心概念构建概念体系，以学科大概念为核心，通过系统化地讲解帮助学生理清易混淆的知识点，加深学生对细胞的认识，由点到面，由小到大，以学生为本，重视生命观念和社会责任，促进学科核心素养的落实。另外，有丝分裂是细胞增殖的方式之一，教师选择恰当合适的教学方法能为后续知识迁移至"遗传定律和减数分裂"打下基础，有利于知识点的融会贯通。

教学目标：

（1）简述细胞周期；概述有丝分裂的过程，阐明细胞有丝分裂于生物遗传方面的重要意义；描述细胞的无丝分裂。

（2）培养学生对图像的感知和分析图像的能力，学习根据数学模型描述染色体和 DNA 等的数量变化规律。

（3）认同细胞来源，认识生物的多样性、统一性和复杂性，树立科学的生命观念和社会责任。

教学重点：

（1）细胞周期。

（2）真核细胞有丝分裂各个时期的特点。

教学难点：

有丝分裂过程中染色体行为和数目变化，以及 DNA 数量变化。

(二) 教学过程

1. 课前

【课前准备·自主预习】

> 课前预习:
>
> 预习教科书《细胞的增殖》一节,归纳知识点,思考以下问题,小组讨论尝试解答。
>
> (1)生物体体积大小取决于什么?
>
> (2)什么是细胞增殖?
>
> (3)什么是细胞周期?
>
> (4)植物细胞有丝分裂的具体过程及各时期特点是什么?
>
> (5)动物细胞与植物细胞有丝分裂的异同点?
>
> (6)有丝分裂过程中染色体、染色单体及 DNA 的数量变化是怎样的?

有效的课前预习对教师课堂教学与学生的学习具有明显的帮助。睿升始终坚持制定确切的预习目标,引导学生建立新知识与旧知识之间的联系,形成完整的知识体系,培养学生的自主学习能力。在本节课的课前预习环节,蔡百慧老师设计有层次性的问题帮助学生完成预习活动,在讨论过程中尝试找到答案,同时不会花费学生较多的时间增加学生的学习负担。

【课前准备·生成反馈】

> 学生尝试自行归纳动植物细胞有丝分裂的特点口诀。
>
> 记录预习过程中产生的新问题并提前上交给老师,带着问题进入课堂,留待课堂解决。

睿升学校同样注重师生之间的沟通交流。每节新授课前教师都要提前收集学生预习产生的新问题,充分了解预习效果,适当调整教学方法,使课堂教学更具有针对性,做到有的放矢。

2. 课中

【课堂教学·师生互动】

> (一)新课导入
>
> 观看视频,比较大象与鼠的细胞大小。

（二）新课讲授

问题 1：生物体体积大小取决于什么？（阅读课本）

学生回答：＿＿＿＿＿＿＿＿＿＿＿＿＿＿＿＿＿＿＿＿＿＿＿＿＿＿＿＿＿＿＿＿＿

教师总结：既靠细胞生长增大细胞的体积，也要靠细胞增殖增加细胞的数量。

问题 2：什么是细胞增殖？（阅读课本）

学生回答：＿＿＿＿＿＿＿＿＿＿＿＿＿＿＿＿＿＿＿＿＿＿＿＿＿＿＿＿＿＿＿＿＿

教师总结：细胞增殖是重要的细胞生命活动，是生物体生长、发育、繁殖、遗传的基础。

真核细 ⎰ 有丝分裂→产生体细胞的主要方式
胞的分 ⎨ 无丝分裂→产生体细胞
裂方式 ⎰ 减数分裂→产生生殖细胞（精子和卵子细胞）

问题 3：什么是细胞周期？（阅读课本）

学生回答：＿＿＿＿＿＿＿＿＿＿＿＿＿＿＿＿＿＿＿＿＿＿＿＿＿＿＿＿＿＿＿＿＿

教师总结：连续分裂的细胞，从一次分裂完成时开始，到下一次分裂完成时为止，为一个细胞周期。一个细胞周期包括分裂间期和分裂期。

问题思考：如何表示细胞周期？

学生讨论后发言：＿＿＿＿＿＿＿＿＿＿＿＿＿＿＿＿＿＿＿＿＿＿＿＿＿＿＿＿＿

教师评价补充：

方法一：扇形图　　　　　　　　方法二：直线图

问题 4：植物细胞有丝分裂的具体过程及各时期特点是什么？（小组讨论）

学生回答：小组代表：分裂间期＿＿＿＿＿＿＿＿＿＿＿＿＿＿＿＿＿＿＿＿＿＿＿

　　　　　小组代表：前期＿＿＿＿＿＿＿＿＿＿＿＿＿＿＿＿＿＿＿＿＿＿＿＿＿

　　　　　小组代表：中期＿＿＿＿＿＿＿＿＿＿＿＿＿＿＿＿＿＿＿＿＿＿＿＿＿

　　　　　小组代表：后期＿＿＿＿＿＿＿＿＿＿＿＿＿＿＿＿＿＿＿＿＿＿＿＿＿

　　　　　小组代表：末期＿＿＿＿＿＿＿＿＿＿＿＿＿＿＿＿＿＿＿＿＿＿＿＿＿

教师总结：(点评的同时播放课件)

(1)分裂间期：

(动图呈现)

分裂间期的特点："复制加倍做准备"

①主要完成 DNA 分子复制和有关蛋白质合成。

②细胞有适度的生长。

③DNA 数目加倍，染色体数目不变。

知识延伸：DNA 复制(染色体)复制过程涉及的有关物质数量

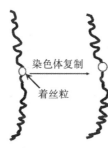

1 个着丝粒   1 个着丝粒

1 条染色体   1 条染色体

1 个 DNA   2 个 DNA

0 条姐妹染色单体   2 条姐妹染色单体

(2)前期：

(动图呈现)

特点："膜仁消失现两体"

①染色质变成染色体。

②细胞两极发出纺锤丝形成纺锤体。

③核膜、核仁逐渐消失。

④染色体散乱分布。

(3)中期：

(动图呈现)

特点："形定数清赤道齐"

①每条染色体的着丝粒整齐地排列在细胞中央"赤道板"上。

②染色体的形态比较稳定，数目比较清晰。

（4）后期：

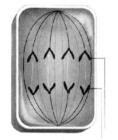

（动图呈现）

子染色体

特点："粒裂数增均两析"

①着丝粒分裂成 2 个，姐妹染色单体分开，成为两条子染色体，细胞内染色体数目加倍。

②纺锤丝牵引子染色体移向细胞两极，细胞的两极各有一套形态和数目完全相同的染色体。

（5）末期：

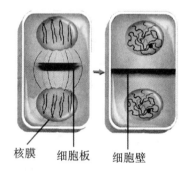

（动图呈现）

核膜　细胞板　细胞壁

特点："两消两现重开始"

①染色体变成染色质；纺锤丝逐渐消失。

②出现新的核膜和核仁，形成 2 个新的细胞核。

③在赤道板的位置出现一个细胞板，并逐渐扩展形成分隔两个子细胞的新的细胞壁。

问题 5：动物细胞与植物细胞有丝分裂的异同点？（看动图并阅读课本）

学生回答：_____

教师总结：

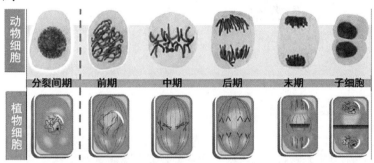

（1）间期中心粒倍增，前期中心粒发出星射线。

（2）末期细胞膜从细胞中部凹陷缢裂。

在教学过程中，蔡百慧老师以细胞增殖过程的相关概念为主线，在教学中注意强化学生对概念的理解和记忆，纠正学生头脑中的前概念误区，借助视频和动图等信息技术手段帮助学生形象生动地认识细胞的增殖过程，并以此为基准设计师生活动，让学生通过探索、问答和讨论加深对知识的记忆，在理解的基础上加以掌握，调动学生学习的积极性。

【课堂教学·知识运用】

问题6：有丝分裂过程中染色体、染色单体及 DNA 的数量变化是怎样的？（小组讨论 3 分钟）

学生板书展示：小组代表：细胞内染色体数量变化规律_____

小组代表：细胞内 DNA 数量变化规律_____

小组代表：细胞内染色单体数量变化规律_____

小组代表：每条染色体上 DNA 的数量变化规律_____

教师总结：

假定某生物体中一个体细胞内的染色体和核 DNA 的含量为 2N，填写下表：

	间期	前期	中期	后期	末期
染色体数目	2N	2N	2N	4N	4N→2N
DNA 数目	2N→4N	4N	4N	4N	4N→2N
染色单体数目	0→4N	4N	4N	0	0

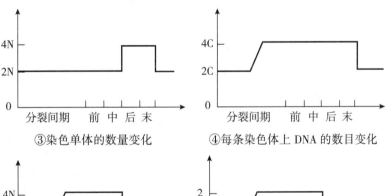

①染色体的数量变化 ②DNA 的数量变化

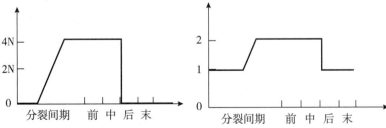

③染色单体的数量变化 ④每条染色体上 DNA 的数目变化

问题7：有丝分裂的意义是什么？（阅读课本）

学生回答：_____

教师总结：是将亲代细胞的染色体经过复制（关键是 DNA 的复制）之后，精确地平均分配到两个子细胞中。由于染色体上有遗传物质 DNA，因而在细胞的亲代和子代之间保持了遗传的稳定性。

问题 8：无丝分裂的过程是怎样的？（阅读课本）

学生回答：＿＿＿＿＿＿＿＿＿＿＿＿＿＿＿＿＿＿＿＿＿＿＿＿＿＿＿＿

教师总结：

（播放动图）以蛙的红细胞为例

蛙的红细胞的无丝分裂

（1）细胞核先延长由中部向内凹陷后缢裂。

（2）整个细胞从中部缢裂。

（三）课后训练，巩固提升

（1）动植物细胞有丝分裂的相同点是（　　　　）。

A. 前期纺锤体的形成方式　　　　B. 末期细胞质的分裂方式

C. 间期结束时染色体数目加倍　　D. 染色体加倍后平均分配

提示：前期纺锤体的形成方式和末期细胞质的分裂方式是动植物细胞分裂的不同点；间期结束时，染色体数目不加倍；染色体加倍后平均分配是动植物细胞有丝分裂的相同点。

（2）图甲表示细胞分裂不同时期与每条染色体上 DNA 含量的关系，乙表示处于细胞有丝分裂某个时期的细胞图像。错误的是（　　　　）。

A. C→D 会发生中心体的分裂，染色体数目加倍

B. 图乙中有 12 条染色体，12 个 DNA，0 条染色单体

C. 若将图甲纵坐标改为核 DNA 含量，则更改前后 CD 段形成的原因不相同

D. 图乙细胞产生的两个子细胞，染色体数目相同，核 DNA 数目相同

提示：图甲中 CD 段着丝粒分裂，染色体数目加倍。

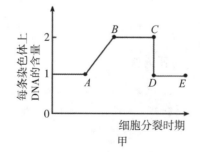

针对有丝分裂染色体、染色单体及 DNA 的数量变化等学生理解可能出现困难的地方，睿升学校蔡百慧老师充分考虑学生的认知能力与特点，并结合学生课前提出的问题，带领学生认识染色体动态变化以及染色体与染色单体之间的关系，结合动画与图像帮助学生理解。另外，设计习题开展评价活动，根据反馈结果评估学生的掌握情况，及时表扬、肯定学生，树立他们的自信心。

3. 课后

【课后总结·自主训练】

(1)课后进行复习，绘制本节知识的思维导图。
(2)完成下发的习题。

在新课程、新教材实施的背景下，睿升教师积极探索作业设计的最佳路径，改进优化作业内容。就本节教学而言，蔡百慧老师所布置的两个作业各有侧重：思维导图能帮助学生巩固课堂知识，理清各知识点之间的关系，培养学生的理性思维，加深学生记忆；而下发的习题是经过备课组全体生物教师筛选后得到的，其中包含难易不同的题目，切实落实分层作业设计思想，使不同层次的学生都能得到锻炼，提高学生的知识理解能力、问题分析能力。

【课后总结·矫正反思】

(1)评选知识正确、构思巧妙的思维导图作为范例。
(2)订正学生习题，汇总问题所在，根据反馈结果调整后续的教学。

睿升学校也在不停地尝试创新课后作业评价方式，采用教师批改、学生互评、学生自评等多种方式进行作业批改，给出激励性评语，同时评选优秀作业以给予学生鼓励，提高学生学习的积极性与主动性。

三、教 师 感 悟

为了切实做好新教材、新高考、新课标的衔接工作，关注每一位学生的全方位成长发展，睿升生物学科备课组教师团结协作、勇挑重担，积极落实"实践育人"教育理念，制订详细的教学计划，投入极大的热情和努力，也相应取得了一定的成就。而对于我个人而言，在多年的备课、教学、教研工作当中也收获了众多感悟，具体可以总结为以下几方面：

1. 学研并举，提高课堂教学水平

睿升学校各个备课组对新入职的青年教师实施"传帮带"，邀请经验丰富的老教师与青年教师结成师徒，指导青年教师钻研教研和常规教学。在这一过程中，不仅青年教师得到了成长进步，经验丰富的老教师也有所收获和创新。而我在这一过程中取人之长补己之短，进一步改革创新落实"学展点练"教学方式，利用信息技术将日常教学活动设计得更有针对性，并通过小组合作讨论的方式开展探究活动，结合前言热点新闻拓展学生的事业，提高学生学习的主动性与积极性，力争每堂课让自己满意，让学生满意。

2. 以生为本，重视生物实验教学

高中生物实验是实现学生知识掌握与动手实践能力统一的重要环节。课堂上教师已不再是"灌输者"和"塑造者"，与学生的沟通交流明显增多，学生是学习的主体。而实验无疑是给学生留下非常深刻印象的教学方式。因此在情况允许时，老师可以带领学生走进生物实验室，进行科学有效的生物实验，在实验过程中发现学生实验操作过程存在的问题，给予学生操作细节指导，促使学生巩固所学知识，提升学生的学习成效，培养其反思能力和质疑精神。

3. 精选习题，不提倡题海战术

对于学生每天的日常作业，要精挑细选，严格控制作业量，谨记多样性、针对性等原则，尽力减轻学生负担，贴近学生的实际水平。教师可以进行分层设计，针对不同层次的学生准备难度不一的题目，立足学科知识基础进行创新。鼓励学生自行整理新课的知识点，积极联系生活实际，落实生物学科核心素养，使学生学会分析和解释生活中的生物学问题，加深生物与生活的联系，体现生物的应用价值，调动学生的学习积极性。

思想政治学科

　　立足时代发展，高中思想政治学科以立德树人为根本任务，以培养社会主义核心价值观为根本目的，注重学生实践能力的培养，具有时代性、现实性等特征，旨在引导学生树立正确的世界观、人生观和价值观，切实落实思想政治学科核心素养。当前师生普遍使用的新教材着眼于习近平新时代中国特色社会主义思想，引导学生增强中国自信，厚植爱国主义情怀，将爱国情、强国志、报国行自觉融入坚持和发展中国特色社会主义事业当中，为实现中华民族的伟大复兴而奋斗。① 然而相较于初中思想政治，高中思政课内容不管是在难度、深度，还是在学习方式上都有较大跨度，相关理论晦涩难懂，知识庞杂丰富，突出学科性、系统性、综合性等特点。另外，教材的抽象性和概括性都很强，内部存在严谨的逻辑结构，学习时还要结合时事热点，缺少生动性和趣味性，对学生能力考察要求也在不断提高。学生若是依旧按照初中所使用的方法习惯——"不理解只背诵"学习高中思想政治知识可能会导致思维固化问题，势必会遇到困难。

　　睿升学校思想政治备课组教师在总结高中思想政治学科特点与学生存在的学习困难后，深入分析初高中思想政治课教学内容异同点，以"实践育人"理念为根本积极改革创新，转变思想政治课教学方法，立足新闻焦点、生活实际、法律法规等多方面创设教学情境，深化核心素养培养实效，帮助学生养成理论联系实际的习惯，关注每位教师的专业发展。时至今日，睿升学校已取得一定的教学成就。本书借助睿升学校思想政治老师王芳的教学设计《我们的民族精神》为典型案例，精选教学情境，向读者展示如何在政治问题中融入情感，结合实践活动提高学生的政治核心素养。

一、教 师 介 绍

　　姓名：王芳

　　教授学科：思想政治

---

　　① 刘婷婷 . 高中思想政治教材的理念与特点［J］. 文理导航(上旬)，2022(04)：79-81.

二、教　学　案　例

教学案例设计：我们的民族精神

武汉睿升学校　王芳

(一) 基本信息

教材：必修三文化生活

课型：实践活动课

课时：1 课时

设计意图：

中国一直被称为文明古国，其留下的中华优秀文化与民族精神可以说是世界文化中的重要瑰宝。①《普通高中思想政治课程标准》提出将政治认同、科学精神、法治意识、公共参与作为高中思想政治学科核心素养，落实立德树人根本要求。而本节课的教学联系生活实际，借助抗击新冠肺炎疫情这一情境主线，串联所有问题，由小见大，帮助学生认识到民族精神的含义、特点与意义，结合多样的课堂实践活动树立自强不息、不屈不挠、坚韧不拔的民族精神，在对案例的分析解读中以科学精神武装头脑，逐步形成国家认同感，坚持正确的价值判断与价值选择，实现民族精神的继承和传扬。

素养导向：

(1) 政治认同：通过理解中华民族精神的内涵和核心，树立对中华民族的文化自觉和文化自信，增强政治认同，对伟大祖国、中国共产党、对中国特色社会主义充满信心。

(2) 科学精神：明确中华民族精神的内涵是不断丰富和发展的。

(3) 公共参与：积极参与弘扬和培育中华民族精神的活动，肩负起为中华民族强基固本的文化使命。

知识点概览：

(1) 伟大民族精神的基本内涵。

(2) 中华民族精神的核心。

(3) 民族精神的时代特征。

(4) 弘扬和培育民族精神的途径和意义。

热点关注：

伟大的建党精神、北斗精神、脱贫攻坚精神、抗疫精神等。

---

①　黄志斌. 浅谈高中政治教学的有效性——以《中华文化与民族精神》教学为例 [J]. 当代教研论丛，2017(10)：72.

（二）教学过程

1. 课前

【课前准备·自主预习】

> 课前预习作业：
>
> （1）预习教材相应内容，初步了解民族精神的内涵、特点、作用，完成导学案。
>
> （2）通过查阅资料了解我国抗疫英雄事迹，找出伟大抗疫精神具体涉及哪些方面，尝试解释抗疫精神与民族精神之间的联系和作用。

相较于传统的"灌输式"政治教学，睿升学校始终提倡培养学生的自主学习意识和能力，因此设计课前预习任务帮助学生清晰认识课本知识结构。高中思想政治学科的学习同样离不开课前预习。课前王芳老师根据所教内容创设合适的预习任务，帮助学生抓取教材重点，提前了解抗疫精神，进而提高教师的教学效果和学生课堂学习效率。

【课前准备·生成反馈】

> 以小组形式合作探究、积极讨论预习任务，就导学案题目展开交流，尝试联系实际回答并举出实例论证。记录讨论过程产生的新问题，并将问题汇总课前交给老师。

学生通过探讨可以产生新见解新想法，联系实际拓展原有的思维方式，在交流中初步总结形成知识结构，带着问题进入课堂，不断填充和丰富头脑中的知识框架体系，帮助学生有效掌握知识。

2. 课中

【课堂教学·师生互动】

> 导入新课：
>
> 同学们，回顾和考证世界悠久的历史，最让人类津津乐道且引以为傲的四个国家，那便是古埃及、古印度、古巴比伦和中国。请大家注意，前三个国家前面都有一个"古"字，这是因为三个国家的文明现在已经终结，已经作古，不复存在了。唯有中华民族上下五千年绵绵不绝。尽管中华民族历经内忧外患，饱受灾祸，然而伟大的中华民族依然坚挺屹立于世界民族之林。如今，我们已进入了民族伟大复兴的新时代。究其原因，就是我们的中华民族精神强力支撑着祖国的发展壮大！这节课，我们再次回顾中华民族精神的相关知识，用以指导我们青年一代开创新时期的丰功伟业。请看视频。（播放弘扬伟大抗疫精神）

抗疫精神，是指在抗击新冠肺炎疫情过程中形成的众志成城抗击疫情的精神，可概括为二十个字：生命至上、举国同心、舍生忘死、尊重科学、命运与共。那么疫情防控工作是如何体现民族精神的基本内涵？抗疫精神与中华民族精神之间是什么关系？为什么要弘扬民族精神和抗疫精神？为夺取抗疫斗争的最终胜利，我们应该怎么做？请同学们拿出导学案，分小组展示自学成果。

展示导学案，组织小组活动

情景材料：

人无精神不立，国无精神不强。在疫情防控期间，14亿中国人民肩并肩、心连心，同舟共济，在神州大地上筑起了一道坚不可摧的抗疫战线。

疫情防控工作与治疗工作迫在眉睫，钟南山院士奔赴疫情最严重的武汉重灾区，年已耄耋的他始终奋斗在抗疫第一线，为控制疫情忘我工作。他为了国家的利益而奋斗，为了人民的安康而努力，无私奉献，没有以年老为由推诿退却。

浙江大学传染病诊治国家重点实验室承担着全省新型冠状病毒核酸诊断、病毒株分离、疫苗研发、药物筛选等多种任务，是打赢这场疫情防控阻击战的关键一环。作为主任的李兰娟组织科研人员全力开展科研攻关，取得了阶段性重要成果。

习近平总书记还专门点赞青年人。他指出，在这次抗疫斗争中，青年一代不怕苦、不畏难、不惧牺牲，用臂膀扛起如山的责任，展现出青春的激昂风采，展现出中华民族的希望。

当今世界正经历百年未有之大变局，我国发展的内外环境正在发生复杂变化。当此滚石上山、爬坡过坎之际，最需要激发精神的力量。伟大的抗疫精神为此提供了重要的思想资源。

思考：请同学们以小组为单位，运用民族精神的相关知识，围绕上述问题进行讨论，简要归纳每个问题的解题思路及其所涉及的知识点。

第一小组	第二小组	第三小组	第四小组
疫情防控工作是如何体现民族精神的基本内涵？	抗疫精神与中华民族精神之间有什么关系？这说明民族精神具有什么特点？	结合抗疫精神在疫情防控中的作用，进一步阐述为什么要弘扬中华民族精神？	结合民族精神的知识，谈谈为夺取抗疫斗争的最终胜利，我们应该怎么做？

各小组代表交流发言。师生互动，总结归纳：

第一小组结论（其他小组质疑或补充）：在五千年的发展中，中华民族形成了以爱国主义为核心，包含团结、奋斗、创造、梦想在内的伟大民族精神。

第二小组结论(其他小组质疑或补充):

(1)中华民族精神的基本内涵是以爱国主义为核心的伟大创造精神,伟大奋斗精神,伟大团结精神、伟大梦想精神。抗疫精神体现了爱国主义精神、伟大奋斗精神和伟大团结精神。

(2)中华民族精神具有时代性,抗疫精神为民族精神增添了新的时代内容,是中华民族精神的丰富和发展,是民族精神的传承与发扬。

第三小组结论(其他小组质疑或补充):

1.重要性:

①中华民族精神始终是维系中华各族人民共同生活的精神纽带,是支撑中华民族生存、发展的精神支柱,是推动中华民族走向繁荣、强大的精神动力,是中华民族之魂。(地位)

②中华民族精神集中体现了中华民族的整体风貌和精神特征,体现了中华民族共同的价值追求,是中华民族永远的精神火炬。(作用)

③大力弘扬和培养民族精神就是铸造中华民族的精神支柱,为中华民族的生存和发展强基固本。(本质)

④伟大民族精神是我们坚定四个自信的底气,弘扬和培育民族精神有利于增强中华民族共同体意识,提高民族凝聚力。(认同感归属感)

2.必要性:

⑤弘扬和培育民族精神是文化建设的重要任务。面对世界范围内各种思想文化的相互激荡,必须把弘扬和培育民族精神作为文化建设极为重要的任务。

⑥是提高全民族综合素质的必然要求。

⑦是不断增强我国国际竞争力的必然要求。

⑧是坚持社会主义道路的需要。

第四小组结论(其他小组质疑或补充):

(1)要立足于发展中国特色社会主义的伟大实践。(实践)

(2)最重要的是发挥中国特色社会主义理论体系"主心骨"的作用,在全社会形成共同理想和精神支柱。(指导思想)

(3)必须继承和发扬中华民族的优良传统。(继承)

(4)必须正确对待外来思想文化的影响。(交流)

(5)必须与弘扬时代精神相结合,与时俱进。(创新、内容)

(6)要让人民群众成为民族精神的传播者、建设者和弘扬者。(主体)

(7)利用商业贸易等经济政治活动加强宣传,发挥教育的作用。(途径)

(8)可以利用大众传媒的宣传、传播。(手段)

(9)丰富和发展民族精神的载体如电影、文学、诗词等。(载体、形式)

思政课不同于其他高中学科，在教学过程不仅要进行继承批判，更要结合时事热点敢于探索，大胆论证。① 因此小组合作研讨是一种非常好的思政课实践教学模式。学生依托课前查询的资料，在课堂上针对各组负责的问题展开讨论，回答问题，同时其他小组进行质疑或补充，教师在其党的时机给予点拨、指导以及评价，辅助学生理解掌握，在真实情境探索过程中提升学生学习的主动性。

【课堂教学·知识运用】

巩固理论知识，开展实践探究活动

拓展：阅读材料，思考问题：

疯狂肆虐世界的新冠肺炎疫情，已经给人类造成了巨大的伤害和损失，然而，历史要发展，人类要进步。

中华民族历来就有"灾难兴邦"的伟大传统。请同学们模拟一个社会角色(如工人、农民、科学工作者、医务人员、政府官员、工程师、军人、文化工作者等)，结合武汉实际情况，就疫情后时代社会政治、经济、文化、公共卫生、医药、旅游、餐饮、城市建设与管理等方面的发展，谈谈你的构想及其理由。

学生依次发表各自见解

结束语：

我们从哪里来？

我们是炎黄子孙！我们是华夏儿女！我们是中华娇子！我们是人类骄傲！

我们到哪里去？

伟大的中华民族精神源源不断，伟大的时代精神层出不穷。愿成长在中华新时代的青年，在民族伟大复兴的康壮大道上焕发出美丽的青春，继承中华民族的传统精神，创造出灿烂辉煌的时代精神。

拓展题能帮助学生迁移本节课所学知识，将理论与实际相联系，用所学知识解决现实问题，实现师生之间的良好互动，激发学生的创新思维，培养学生公共参与、政治认同等核心素养，一举多得，使思政课堂气氛更加活跃。

3. 课后

【课后总结·自主训练】

课后作业：

采访一位抗疫英雄或志愿者，依据他们的先进事迹，谈谈你的感受。

---

① 张彦宝."小组研讨学习"在高中政治教学中的实践[J].黑龙江教育(教育与教学)，2022(08)：74-75.

不同于一般的思政课作业，王芳老师设计开放性访谈作业，将学科趣味融入其中，改变过去背离生活的作业形式，点燃学生学习思政课的热情，有助于学生政治认同以及时政素养的提升。

【课后总结·矫正反思】

> 根据学生访谈记录及感受教师进行评价，关注学生知识的掌握情况与展现出的综合能力。

老师在学生完成作业后的指导评价同样重要，不能缺席。在睿升学校，老师会以多种形式参与到学生的作业当中，了解学生作业完成情况，遵循评价的规律给予学生恰当的评估，并在课堂上进行讲评，帮助学生反思调整，以全面的视角完善自我。

三、教 师 感 悟

自落实"实践育人"教育理念以来，睿升学校思想政治备课组全体教师在校领导和年级主任的带领下，积极实施素质教育，转变教育观念，以培养学生的创新精神、实践能力与核心素养为重点，充分发挥思政课的德育功能，坚持以学生为主，注重提高教学质量。回顾过去的教学实践工作，我取得了一定的成绩，也存在不足之处，收获了较多的教学经验。具体教学策略可以概括为以下几方面：

1. 明确方向，运用议题式教学方法

针对新教科书中课程内容庞大、课时不足等问题，我与备课组众多老师在不断实践摸索中提出采用议题式教学方法来落实教学目标。一方面，将教材每一节的内容按照问题进行拆分，例如案例中针对《我们的民族精神》这一节提出了四个问题，帮助学生抓住重点，学习时不至于手忙脚乱；另一方面，鼓励学生主动参与课堂讨论，在交流中发生思想的碰撞，避免出现过去"灌输式"教学模式弊端，营造轻松愉悦、民主热烈的课堂氛围，保证教学目标的实现。

2. 精确定位，创设情境帮助学生理解

当前新高考命题突出联系近一年国内外重大时政焦点这一特点。然而时政热点不仅繁多，而且不断变化，单纯依靠考试前突击复习是不现实的。因此在日常教学中就应当立足教材内容选择合适的国内外时事热点作为议题情境呈现给学生，模拟实践活动情境，调动学生学习的积极性，增强学生对思想政治课的学习兴趣，提高学生的自主学习能力和学以致用的能力。

3. 重点突破，规范学生答题情况

测验和考试是对教师的"教"和学生的"学"双方情况进行监控的重要手段，也是教学信息反馈和改进、调整教学的重要依据。无论是课堂检测、日常作业还是周测月考，睿升教师都要严格要求学生以高考的标准答题，减少因文体不规范、审题不仔细、粗心大意而导致的丢分扣分。针对主观题，要求学生做到条理清晰，逻辑严密，为应对高考做好准备。

历 史 学 科

历史学是在一定历史观指导下叙述和阐释人类历史进程及其规律的学科，该学科的综合性较强，知识体系较为明显。从某种程度上来说，高中之所以开设历史这门学科，不仅是为了让学生了解和掌握丰富的历史知识，知晓世界以及中国的历史发展脉络，更能提升学生对历史知识熟练运用的能力，促使学生总结历史发展的基本规律，感受每一历史事件的意义影响以及各个历史人物身上体现的精神内涵，培养学生唯物史观、时空概念、史料实证、历史解释、家国情怀五方面历史学科核心素养，实现全面综合发展。① 很多时候学生之所以历史成绩不高、学习效率低下，甚至感到历史学习枯燥乏味，大部分原因是学生还未适应高中历史的学习方法。由于初中没有打好基础，到了高中部分学生对历史的认知零散，了解并不透彻，易把不同的历史事件与人物相互混淆，没有养成预习反思的习惯，单纯依靠背诵应对考试而不理解，最终导致考试分数不理想，学习兴趣不高，形成恶性循环。

统编版高中历史教材内的知识点具有一定的关联性，教师在教学当中应当注意让学生归纳总结，使知识条理化、系统化。睿升学校历史教师依据李水生校长提出的"实践育人"理念，转变传统教学模式，悉心研究教学方法，在实践探究活动当中培养学生的历史学科核心素养。本书借助王奕鹏老师的《欧洲文化的形成》第一课时教学设计作为案例，向读者展示睿升历史老师如何在教学中落实立德树人根本任务，使学生具备正确的历史价值观。

一、教 师 介 绍

姓名：王奕鹏

教授学科：历史

---

① 王朋. 高中历史教学中历史学科核心素养的培养策略[C]//教育理论与实践科研学术研究论坛论文集(一)，2022：176-178.

二、教 学 案 例

教学案例设计：欧洲文化的形成第一课时

武汉睿升学校　　王奕鹏

(一)基本信息

教材：历史选择性必修三

课型：实践活动课

课时：1课时

设计意图：

本课属于选择性必修三教材的第二单元第4课，教材用三个子标题分别介绍了古希腊罗马文化、中古西欧文化、拜占庭与俄罗斯文化，而第一课时只涉及了古希腊罗马文化。希腊罗马古典文化成就突出、丰富多彩，蕴含了西方人文主义的萌芽，是人类宝贵的精神遗产。通过师生互动和小组讨论的方式，教师向学生展示古希腊罗马的文学和雕塑、建筑艺术、哲学和法学、公历等成就，帮助学生认识人类文化的丰富多彩。

教学目标：

(1)了解苏格拉底、柏拉图、亚里士多德等哲学家及其观点，了解古希腊罗马文学、雕塑和建筑艺术代表作品名称，知道罗马法对后世西方法学的意义，知道公历的起源，增强历史时空观念。

(2)通过小组合作探究、材料研读，梳理希腊罗马古典文化成就，概括希腊罗马古典文化的特点，培养学生史料实证与历史解释的能力。

(3)初步认识到希腊罗马古典文化丰富多彩，希腊罗马古典文化的精髓在于人文精神，是人类最宝贵的精神遗产；认识人类文化的多元性、共融性。

课标要求：

了解世界各主要区域文化，理解世界文化的多样性；认识世界各国、各地区、各民族对人类文化发展所作出的贡献。

(二)教学过程

1. 课前

【课前准备·自主预习】

课前预习作业：

1. 预习教材，归纳总结古希腊罗马的哲学、文学、史学、艺术、法学、天文历法等多方面的成就。

2. 小组讨论共同完成导学案，相互交流对古希腊罗马丰富文化的感受。

在"实践育人"理念的指引下，睿升学校一直坚持为学生布置基础、合适以及开放性的课前预习任务。王奕鹏老师需根据学生的实际情况，给出具体的预习目标，设计以基础性为主、略有难度的导学案作为课前预习的主要材料，以问题为导向启迪学生思维，防止出现学生粗略阅读课本内容、机械记忆对比摘抄找到答案的现象，使学生养成自主学习的好习惯。

【课前准备·生成反馈】

预习过后为每一小组分发"问题卡片"，小组长将本组讨论时产生的新问题或是新困惑汇总至卡片上，并将本组讨论后得到的看法或答案同样写到问题卡片上，课前交给老师。

睿升历史备课组教师善于利用"问题卡片"的形式收集学生预习过程中产生的新问题新困惑，据此寻找学生的知识漏洞，在课堂教学时重点突破解决。另外，教师同样鼓励学生深入思考"自问自答"，若是发现个别小组的回答很有特色或新意，教师会在课堂上给予他们一个展示自我的机会，进而表示鼓励认可，激发学生的学习兴趣。

2. 课中

【课堂教学·师生互动 & 知识运用】

导入新课

同学们知道马拉松长跑的起源吗？原来，在古代的希波战争中，雅典人最终获得反侵略胜利。为了让故乡人民尽快得知胜利的喜讯，统帅米勒狄派一个叫菲迪皮茨的士兵回去报信。菲迪皮茨是个有名的"飞毛腿"，为了让故乡尽早知道这个消息，他不停地快跑，跑到雅典时，已上气不接下气，激动地喊道："欢乐吧，雅典人，我们胜利了。"说完就倒在地上去世了。为了纪念这一事件，在1896年第一届奥林匹克运动会上，设立了马拉松赛跑这个项目。这就是马拉松长跑的由来。除此之外，古希腊罗马还有许多灿烂的文化成就与我们今天的生活紧密相连。今天让我们一起拨开千年的尘埃，走进历史的长河，去领略希腊罗马古典文化的独特魅力吧！

在导入环节，通过马拉松的故事来创设情境、设置悬念，激发学生对希腊罗马古典文化的好奇，进而吸引学生注意，引发学生学习兴趣，使其迅速进入探究状态。

1. 群星璀璨的古希腊哲学

教师引导：古希腊的中心区域在巴尔干半岛南部，公元前5世纪到公元前4世纪上半叶是古希腊的古典时代，这是古希腊文化高度发展的时期。而哲学是古希腊最伟大的成就之一。教师展示材料一及意大利画家拉斐尔的油画《雅典学院》①，结合教材，提问：这幅油画《雅典学院》中出现了哪些古希腊的哲学家？他们的基本主张是什么？

材料一：《雅典学院》是以古希腊唯心主义哲学家柏拉图兴办雅典学院为题，塑造了许多希腊哲学家、科学家和艺术家，共聚一堂，热烈地探讨学术问题，构成了一个富有戏剧性的场面。这幅画的背景是在一个宏伟壮丽的古典式大厅内，大厅中央圆拱门之下，是古典哲学家最杰出的代表柏拉图和他的弟子亚里斯多德，边走边谈，看神情俩人好像在争论什么重大的问题，柏拉图用手指着天，而亚里斯多德却反对他的老师，以手指地。……画的左边大厅台阶上，柏拉图的右边是他的老师苏格拉底和一组人正在交谈。

——泽义：《拉斐尔和〈雅典学院〉》，绥化师专学报1985（2）：70-73.

教师预设：此材料比较直观易懂，学生通过阅读材料一及观察油画可以得出，油画中出现的古希腊哲学家有苏格拉底、柏拉图、亚里士多德，等等。

---

① 该图片摘自王仲. 艺术永远追求崇高的理性精神——重读拉斐尔《雅典学院》[J]. 美术，2003（02）：116-119.

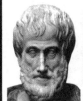

苏格拉底　　柏拉图　　亚里士多德　　雅典学院

亚里士多德仅存的47部作品包括政治、经济、伦理、逻辑、修辞等众多学科，并开创了动物学、植物学、物理学等自然科学。
——齐世荣主编《世界史·古代卷》

学生回答：苏格拉底终身探讨人的灵魂、美德和幸福等问题，认为美德即知识，人应该认识你自己。柏拉图创立了雅典学院，他认为世界是由理想世界与现实世界构成的。亚里士多德是一位百科全书式的人物，创立了逻辑学，他的名言是"吾爱吾师，吾更爱真理"。

教师总结、补充：《雅典学院》反映出了古希腊哲学的特点是学术思想开放包容，博大精深，百花齐放，百家争鸣；无拘无束，各抒己见，崇尚理想，言论自由。

教师引导学生：请同学们观察油画《雅典学院》，材料一中提到柏拉图一手指天，亚里士多德一手指地，这代表了什么含义呢？

教师预设：本问题具有一定的难度，如果学生不理解，教师可以提醒学生关注古希腊哲学中"天"与"地"的含义，是理想世界与现实世界的关系。

学生回答：柏拉图用手指天，表示他要追求心灵升华的理想世界；而亚里士多德用手指地，表示关心人世间的律法、伦理与道德。

教师引导学生：同学们说得很对。柏拉图与亚里士多德在雅典学院中探讨的就是天人关系。这幅油画《雅典学院》反映了古希腊哲学具有什么特点呢？

学生回答：古希腊哲学具有以人为中心的人文主义色彩，注重研究天与人的关系。

教师补充、小结：在古代希腊，哲学家们把对神的关注转向人间，试图从实际出发，探究宇宙万物的本来面目，了解人与人之间的关系。如苏格拉底对人性本身的研究，就是人类精神觉醒的一个重要表现，他使得哲学真正成为一门研究"人"的学问。他们的思想都蕴含着西方人文主义的萌芽，对后世的哲学产生了深远的影响。

本环节围绕古希腊的哲学成就展开，重点表现以人为中心的人文色彩，这是古希腊哲学最显著的特征。教师通过引导学生观察《雅典学院》油画，以及阅读材料，思考柏拉图和亚里士多德的寓意，探究古希腊哲学的特点和影响，使学生感受和掌握古希腊哲学中以人为中心的人文色彩。

2. 辉煌灿烂的希腊罗马文学

教师过渡：古希腊的哲学成就光辉灿烂，而文学成就也是一样的流光溢彩。请同学们阅读教材，说一说古希腊的文学成就有哪些？

学生回答：有《荷马史诗》，古希腊三大悲剧《俄狄浦斯王》《被缚的普罗米修斯》《美狄亚》，等等。

教师归纳、小结：古希腊的文学成就辉煌灿烂，它们是宝贵的文学遗产，也是了解早期希腊社会的主要文献。

教师引导学生：请同学们阅读教材，说说古希腊文学具有什么特点呢？

学生回答：古希腊文学的核心特征是"神人同形同性"。

教师进一步提问：古希腊文学具有浪漫主义和人文主义思想。那么请同学们阅读以下材料，说一说什么是"神人同形同性"？

材料二：源于民间信仰的希腊宗教观念在城邦政治的条件下带有一些民主色彩，其中最重要的就是通常所谓的希腊宗教的"神人同形同性论"。它认为神就是人的最完美体现……相比之下，希腊宗教则把神拉到人的中间，神性与人性不仅没有不可逾越的界限，而且相互辉映，神是人的完美典型，在神的形象中可以想见人的智慧和美质可能达到的最高境界。这样一来，希腊宗教中神的形象和神话故事都变得美丽动人，丰富多采。……因此希腊文艺作品虽带宗教色彩，却兼具生活气息而逐渐走向现实主义。

——吴于廑、齐世荣主编.世界史·古代史编上卷［M］.高等教育出版社，2011：137.

学生回答：希腊神话认为神就是人的最完美体现，神性与人性不仅没有不可逾越的界限，而且相互辉映。因此说希腊文学具有"神人同形同性"的色彩。

教师总结、补充：希腊文学作品虽带宗教色彩，却兼具生活气息而逐渐走向现实主义。接下来，我们以《荷马史诗》为例，看它是如何体现古希腊文学"神人同形同性"特点的？

材料三：《伊利亚特》和《奥德赛》是古希腊的两大史诗，相传是由一个名叫荷马的诗人所作，故称《荷马史诗》。荷马史诗是古希腊文学辉煌的代表，两千年来一直被看作是欧洲叙事诗的典范。《伊利亚特》以战争结束前50天的战事为描写的重点，以阿喀琉斯的愤怒为主线，描写了希腊联军与特洛伊人及其盟军在城墙下、海滩边的喋血苦战。《伊利亚特》主要描写的是特洛伊战争最后阶段的殊死战斗。《奥德赛》题名原是"奥德修斯的战争"，它写的是希腊英雄奥德修斯在特洛伊战争结束后还乡的故事。奥德修斯是一个英勇顽强、战斗不息而又智慧过人的英雄形象。

——郑鲁克主编. 外国文学史(上册). 高等教育出版社, 2006：40-41.

预设1：学生通过阅读材料和小组讨论，可以分析出结论。

预设2：如果学生无法获取信息，教师把材料中关键语句加粗或者划线，提示学生着重关注的材料语句。

学生回答：《荷马史诗》体现出了神就是人的最完美体现，反映了古代世界中的战争与和平，人与自然搏斗的英雄行为，社会历史的重要变迁，等等，关注现实人的生活。

教师引导学生：同学们归纳得非常好，《荷马史诗》虽是神话题材，但也有人定胜天、自由奔放、独立不羁、狂欢取乐、享受人生的个体意识，体现出了古希腊文学具有"神人同形同性"的特点。那么，希腊的文学对后世有何影响呢？

材料四：希腊神话在文学史上，从同代传至后世，从本土流播到世界，产生了极其深远的影响。首先，它是古希腊文学艺术的宝库和土壤。著名的荷马史诗是在希腊神话的基础上创作出来的；赫西俄德的《神谱》是用长诗对希腊神话的系统整理；古希腊悲剧诗人的绝大部分剧作，都取材于希腊神话；大量美术、雕塑作品也是以它为素材的。其次，它对古罗马文学艺术产生了巨大影响。……后世的文艺复兴时期和古典主义时期，希腊神话知识形成一股潮流而得到普遍重视，戏剧作家莎士比亚、高乃依、拉辛，画家达·芬奇、普桑，雕塑家米开朗琪罗、贝尔尼尼，直至现当代一些著名作家、艺术家，都以希腊神话为基础，创造了流传千古的许多杰作。

——郑鲁克主编. 外国文学史(上册). 高等教育出版社, 2006：18.

学生回答：首先，希腊神话是古希腊文学艺术的宝库和土壤。其次，它对古罗马文学艺术产生了巨大影响。古希腊神话对于罗马文化、文艺复兴文化、古典主义文化，乃至整个欧洲文化都有深远影响。

教师总结：希腊神话在文学史上，从同代传至后世，从本土流播到世界，产生了极其深远的影响。马克思说："希腊艺术的前提是希腊神话"，"希腊神话不只是希腊艺术的武库，而且是它的土壤。"[1]希腊神话的"神人同形同性"的思想，促使整个希腊文明带

---

① 马克思恩格斯选集(第二卷)[M]. 人民出版社, 2012：113.

有人本主义的色彩，以人作为衡量一切的尺度和出发点，这有助于希腊在艺术领域的发展。

　　教师补充：说完了古希腊，古罗马的文学成就同样也是流光溢彩。卢克莱修、西塞罗和维吉尔是古罗马时期最杰出的文学家，他们的作品成为文艺复兴时期以及后来欧洲文人学习和模仿的典范。

　　本环节围绕古希腊的文学成就，核心关键词是神人同形同性，古希腊文学具有浪漫主义和人文主义思想。学生通过阅读史料，分析概括古希腊的主要文学成就、特点及影响，了解文学是人类世界共同的宝贵文化遗产。

　　3. 异彩纷呈的希腊罗马史学

　　教师过渡：讲完古希腊的哲学和文学，下面我们再来看一下古希腊历史学的成就。（展示希罗多德、修昔底德图片和材料）

希罗多德　　　　　　　　　修昔底德

　　材料五：关于战争事件的叙述，我确定了一个原则：不要偶然听到一个故事就写下来，甚至也不单凭我自己的一般印象作为根据；我所描述的事件，不是我亲自看见的，就是我从那些亲自看见这些事情的人那里听到后，经过我仔细考核过了的。

　　　　　　　　　　　　　　　　　　——[古希腊]修昔底德《伯罗奔尼撒战争史》

　　教师提问：古希腊也是欧洲史学的源头，大家知道古希腊有哪些著名历史学家吗？

　　学生回答：希罗多德、修昔底德。

　　教师补充：希罗多德被西方人尊称为"历史学之父"。他的名著《历史》的问世，开创了叙事体的撰史体裁，标志着古希腊史学的诞生。修昔底德的著作《伯罗奔尼撒战争史》充分展现了古希腊史学追求历史真实的本质特征，是西方史学的经典之作。

　　教师提问：大家知道东西方两位历史学之父，希罗多德和司马迁有哪些相似之处吗？

学生回答：两位历史学家都坚持秉笔直书，反对暴政和独裁，坚持人本主义，具有求真和批判精神。

教师讲述：很好。说完了古希腊，我们再来看古罗马历史学成就。古罗马历史学在继承古希腊文化的基础上有所发展，大家知道古罗马有哪些历史学家和代表作吗？

卢克莱修　　　　　　西塞罗　　　　　　维吉尔

学生回答：李维的《罗马史》和塔西佗的《编年史》。

教师补充：李维花了40多年时间写成的《罗马史》全名为《罗马自建城以来的历史》，原有100多卷，可惜大部分失传，仅存35卷。塔西佗的《编年史》又名《罗马编年史》，共有16卷，主要记载了从公元14年奥古斯都去世至公元68年著名昏君尼禄死去半个世纪之间的罗马历史。内容包括罗马早期帝国时代的专制统治、政治变故、权力斗争、对外战争、君王生活，等等，基本上是罗马帝国早期的一部政治史。

本环节围绕古希腊罗马的历史学成就，通过了解希罗多德、修昔底德、李维、塔西佗等历史学家的成就，以及东西方历史学之父的对比探究，可以增进学生对于世界文明多样性的理解，同时可以促进民族自豪感和自信心。

4. 流光溢彩的希腊罗马艺术成就

教师引导学生：请同学们阅读教材，说说古希腊、罗马在艺术领域有哪些主要成就？有什么特点？

掷铁饼者　　　　　　维纳斯　　　　　　帕特农神庙

万神殿　　　　　　　　　　大竞技场　　　　　　图拉真纪功柱

学生回答：雕塑艺术代表作有希腊的《掷铁饼者》、宙斯神像等。奥林匹亚神庙中的宙斯像是古代世界七大奇迹之一，《掷铁饼者》是希腊雕塑艺术中的杰作之一。希腊建筑艺术的典型代表是雅典帕特农神庙。古罗马的建筑艺术代表有大竞技场、凯旋门、宗教场所万神庙等。

教师总结、补充：罗马建筑吸收了希腊建筑的特点，并有所创新，如石拱门、穹顶等，坚固结实，华丽宏伟。

教师提问：同学们观察图片思考一下，古希腊建筑和古罗马建筑有什么异同点呢？

教师补充、小结：希腊罗马古典建筑都是石头、柱式建筑。罗马建筑是对古希腊建筑的继承和发扬。不同点在于，古希腊的建筑艺术通过"神"来体现，他们的建筑以神为主题和精神支柱；古罗马的建筑艺术则增加了世俗、现实的表现形式，偏重于对个"人"的颂扬和物质生活上的享受。古罗马建筑在继承古希腊建筑的基础之上，又有所发展，注重表现现世世界人的生活、追求和审美，具有一种人文主义的美感。

本环节围绕古希腊罗马的艺术成就，学生通过阅读教材，分析概括古希腊罗马的主要雕塑艺术、建筑艺术的成就。知道古罗马在艺术风格上借鉴与吸收了古希腊，并有所发展。比较希腊与罗马建筑风格的异同，知道东西方建筑艺术的瑰宝，是全人类的共同文化遗产，增进对于世界文明多样性的认识。

5. 泽被后世的古罗马法学

教师过渡：如果说光荣属于希腊，那伟大就属于罗马。古罗马留给后世有许多文化遗产。德国著名法学家耶林格曾说过："罗马曾经三次征服世界，第一次以武力，第二次以宗教，第三次以法律……而这第三次征服也许是其中最为平和、最为持久的一次。"同学们知道哪一次征服对世界的影响最深远吗？

学生回答：第三次，以罗马法征服世界。

教师补充：如果说哲学是古希腊最伟大的成就之一，那么罗马法就是古罗马赠与世

续表

界最宝贵的遗产了。请同学们阅读材料，并结合所学知识，说说古罗马法学成就有哪些?

教师出示图片和材料:

《十二铜表法》

第一表，传唤;第二表，审判;第三表，求偿;

第四表，家父权;第五表，继承及监护;

第六表，所有松及占有;第七表，房屋及土地;

第八表，私犯;第九表，公法;第十表，宗教法;

第十一表，前五表之补充;

第十二表，后五表之补充。

材料六:罗马法是纯粹私有制占统治的社会的生活条件和冲突的十分经典性的法律表现……在罗马法中，凡是中世纪后期的市民阶级还在不自觉地追求的东西，都已经有了现成的了。

——[德]恩格斯《论封建制度的瓦解和民族国家的产生》

学生回答:公元前450年左右颁布的《十二铜表法》，是古罗马第一部成文法。拜占庭帝国时期，查士丁尼编纂的《罗马民法大全》，是罗马法的集大成者和最高成就。

教师补充:《十二铜表法》明文公示，按律量刑，限制贵族滥用权力，规范了社会契约行为，在一定程度上保障了平民利益，成为后来陆续颁布的一系列公民法的基础。罗马法体系适应了当时社会发展的需要，对后世欧洲国家的法律制度产生了深远影响。

教师提问:同学们知道罗马法的发展有什么规律和趋势吗?

学生回答:从习惯法到成文法，从公民法到万民法。

教师补充:罗马帝国的法学家们对法律进行了广泛论证，包括适用于罗马公民与非公民之间关系的万民法、关于商品生产和交换的经济法，以及众多的法律概念。它们共同构成了完整的罗马法学体系。

教师总结:罗马法的突出特点是法律面前人人平等，保护公民的私有财产。罗马法是欧洲历史上第一部比较系统完美的法典，影响广泛而深远。罗马法对近代欧美国家的立法体系产生了深远的影响。

本环节围绕古罗马的法学成就，及其对后世的影响。教师结合德国著名法学家耶林格的名言，引导学生了解法学是罗马人最伟大的成就之一，罗马法具有法律面前人人平等的原则，体现了罗马文化的理性主义色彩。

---

6. 杰出的罗马天文历法成就

教师过渡：古罗马留给后世的文化遗产，除了法学之外，还有杰出的天文历法成就。请同学们阅读材料，思考一下古罗马在天文历法上有什么成就呢？

材料七：儒略历由罗马独裁官儒略·恺撒于公元前 45 年颁布，格里高利历由教皇格里高利十三世于 1582 年颁布。中世纪的西欧延续古代罗马的传统，普遍采用儒略历。儒略历将平年设定为 365 天，每 4 年多 1 天为闰年。这样设置闰年是根据当时星象术士的计算：太阳年周期的长度是 365 天。儒略历在初始运行时，一度出现过闰年设置错误：理应每 4 年多设置一天，误算为每 3 年多设置一天。这个错误导致历法的天数超出了太阳年的长度。罗马皇帝奥古斯都统治时期发现了这个错误，采取的纠正办法是：连续 12 年取消闰年；从公元 4 年开始，每 4 年设定一个闰年。

——刘城. 古代罗马文明与中世纪西欧的纪年[N]. 光明日报，2015-11-28.

学生回答：罗马的历法来自古埃及人的太阳历；凯撒命人以太阳历为蓝本编制新的历法，称为"儒略历"；公元 4 世纪，罗马皇帝以此作为基督教历法。

教师总结：16 世纪时，罗马教皇在"儒略历"基础首行制定了"格里高利历"，这就是一直使用到现在，并成为世界上大多数国家通用的公历。"儒略历"体现了古罗马天文历法的高度发展。

本环节围绕古罗马的天文历法成就，学生通过阅读史料，分析概括罗马在天文历法上的成就，认识到古罗马历法对后世的贡献，增进学生对于世界文明多样性的了解。

本课以时间和空间为经纬，主要讲授了从公元前 5 世纪至公元 15 世纪欧洲文化的基本发展脉络。本教学设计试图引导学生认识到：希腊罗马古典的精髓在于人文精神，蕴含了西方人文主义的萌芽。希腊、罗马古典文化是人类宝贵的精神遗产；多元文明共同推动了人类文明的进步。对于高二学生而言，本课难度不大，但知识点比较庞杂分散，不容易掌握。

希腊和罗马古典文化的关系和特点，是本课的难点问题。教材上分别列举了古希腊文学、艺术、哲学和古罗马的艺术、法学、历法的成就，而在建筑艺术领域最能体现希腊文化与罗马文化的关系和特点。为了解决这一难点，教师首先引导学生概括出古希腊罗马的艺术成就，然后通过展示希腊、罗马建筑的图片，引导学生发现希腊、罗马建筑的共性与个性，概括出古希腊建筑与古罗马建筑的特点，总结出古罗马建筑对古希腊的发展。从建筑艺术的领域，也最能体现东西方文明的差异和多元文明的共融性。教师在讲解教学难点的过程中，要注重培养学生的历史解释能力，通过中西方对比，引导学生增进对于世界文明多样性的认识。教师应注意在材料的选择上，需要注重严谨性和权威性，材料的呈现形式也应更加丰富，不宜过长或过于艰深。

3. 课后

【课后总结·自主训练】

课后作业：

(1)总结本节课所学内容，构建思维导图。

(2)完成下发的习题基础部分，学有余力的同学完成第二部分。

(3)尝试就本节课所讲的某古希腊罗马成就进行鉴赏，写一段介绍的话语。

在布置作业时，睿升学校的王奕鹏老师创新作业形式，针对不同需求的学生设计分层作业促进学生能力提升，发挥学生的主观能动性，以课堂内容为基础进行拓展延伸，引导学生发现特长爱好，找到自我充实自我。

【课后总结·矫正反思】

课堂小结

光荣属于希腊，而伟大属于罗马。希腊、罗马古典文化丰富多彩，在哲学、文学、历史学、艺术、法学、历法等方面的成就显著，产生了深远影响。古罗马文明继承了希腊文明，创造出具有自己特色的灿烂文明。古希腊塑造了奴隶制民主政治，而古罗马铸就了奴隶制法学元典。希腊和罗马各以自己的才干为世界文化的宝库增添了辉煌，体现了人类文明具有多元性和共融性。希腊罗马古典文化蕴含了西方人文主义萌芽，是全人类的共同文化遗产。

对学生上交的作业进行批改，归纳出错较多的问题，进行教学反思，留待讲评课与学生共同解决。

睿升的作业评价趋于多元化发展。教师不只要评判学生对错，更要发现其中的两点，给予学生鼓励和认可，帮助学生树立信心，更好地培养提升核心素养。

三、教 师 感 悟

围绕新高考新政策，睿升学校历史备课组在学校教科室和教研组的领导下以培养高素质人才为目标，以提升教育质量为根本，以培养学生自主创新能力为主导，狠抓常规管理，全面贯彻教育方针，实施素质教育，积极推进课堂教学改革，切实提高课堂教学效益，稳中求进，再创佳绩。而我在近些年的历史教学过程中也收获了一定的经验，可以概括为以下几点：

1. 使用多种教学手段

高中历史教材内容离学生所处年代较为久远，学生学习历史这一学科时可能会有抵触心理。所以教师可以认真钻研教材教参，力求吃透教材，找准重难点，借助相关书籍资料、文字记载、图像照片、视频动画甚至是互联网上的各种资源等教学手段刺激学生的感官开展教学活动，体会"身临其境"的感觉，激发学生学习历史的兴趣，调动学生学习的积极性和创造性思维，让学生充分感受到每个历史时代的氛围。

2. 创设多样化问题情境

在某种程度上，问题情境具有一定的引导性、启发性、有效性和趣味性，可以帮助学生积极思考，变被动听讲为主动探究，培养学生发现问题、分析问题、解决问题的能力，甚至可以说是学生核心素养发展的有效手段。所以在历史教学过程中，教师可以通过创设多样化的问题情境引导学生解读历史资料背后的价值，加深对历史知识的理解，表达自己的观点，感知历史学科对个人发展的意义，进而提升学习成绩。

3. 深入挖掘课内外内容

历史学科作为人文学科中的一类，在培养学生爱国情怀、唯物史观、民族精神等方面发挥着巨大作用。因此高中历史教师可以转变传统的教学观念，挖掘教科书内外的素材并融入课堂教学过程中，例如红色景点、纪念馆、博物馆等资源，以实践活动培养家国情怀，让学生通过学习历史能立足于历史发展的角度加以思考，形成国家与民族认同感以及积极、健康的人生观、世界观与价值观，以尊重、包容的态度接受世界各个民族的文化。